Gottfried Keller
Kleider machen Leute

Von Walburga Freund-Spork

Philipp Reclam jun. Stuttgart

RECLAMS UNIVERSAL-BIBLIOTHEK Nr. 15313
Alle Rechte vorbehalten
© 2002 Philipp Reclam jun. GmbH & Co., Stuttgart
Gesamtherstellung: Reclam, Ditzingen
Printed in Germany 2005
RECLAM, UNIVERSAL-BIBLIOTHEK und
RECLAMS UNIVERSAL-BIBLIOTHEK sind eingetragene Marken
der Philipp Reclam jun. GmbH & Co., Stuttgart
ISBN 3-15-015313-1

www.reclam.de

Inhalt

1. Erstinformation zum Werk

Kleider machen Leute ist die erste Erzählung im zweiten Teil des Erzählzyklus *Die Leute von Seldwyla,* einer der Novellensammlungen aus der Feder Gottfried Kellers. Die Sammlung erschien in der zweiten Hälfte des Jahres 1873 im Verlag Göschen in Stuttgart. Da Keller sich von seinem ersten Verleger Heinrich Vieweg aus Braunschweig getrennt und er die Rechte an seinem Zyklus gegen Rückgabe des Vorschusses von 200 Talern nebst Zinsen in gleicher Höhe zurückgekauft hatte, konnte er dem Plan seines neuen Verlegers Weibert, dem damaligen Leiter des Göschen Verlags, zustimmen, die Sammlung *Die Leute von Seldwyla* als vermehrte Auflage in 4 Bänden herauszubringen. Die Novelle *Kleider machen Leute* leitete auf ausdrücklichen Wunsch Kellers den 2. Band der

> Kleider machen Leute: *Einleitung zum 2. Band der* Leute von Seldwyla

Ausgabe ein, weil sie, wie Keller am 19. Dezember 1872 schreibt, zu der »kleinen Einleitung […] besser paßt« als die zunächst vorgesehene.[1] Die Einleitung ist identisch mit der »Vorrede« am Ende der zu Grunde gelegten Reclam-Textausgabe (*Kleider machen Leute,* Stuttgart 2000, RUB 7470).

Der Briefwechsel mit Vieweg belegt, dass die Novelle bereits 1872 fertig war. Vorarbeiten zu dieser Novelle existieren nicht, allerdings zeigt die handschriftliche Korrekturvorlage, dass Keller in der Überarbeitung sprachliche Veränderungen vorgenommen hat, die die realen Hintergründe der Begebenheit verwischen, um das Dargestellte zu verallgemeinern.

Die erzählte Begebenheit fußt auf Ereignissen in der Schweiz in den Jahren nach 1860, die die Stoffwahl Kellers beeinflusst haben. Keller selbst schreibt 1864 in einem Brief an Plater: »Ich habe Lust, eine kleine Studie über diesen Charakter von Spionen [!] zu schreiben, die Mittel, die er angewendet hat, um sich einzuführen, die Eigenschaften, die alle Individuen dieser Art gemeinsam haben und auf die man sein Augenmerk richten muß, wenn es darum geht, einen Unbekannten mit wichtigen Aufgaben zu betrauen, und schließlich ein ›fabula docet‹ [die Fabel lehrt = das ist der Kern der Geschichte] zu erreichen, indem ich diesem Schurken ein kleines Denkmal errichte.«[2]

Auslösende Ereignisse für die Novelle

Der Fall eines jungen Preußen, Julius Schramm aus Wernigerode, beschäftigte damals die Bürger und die Polizei der Stadt Zürich. Er hatte mit emigrierten polnischen Studenten in Zürich eine Gesellschaft gegründet, die den aufständischen Polen Waffen beschaffen sollte. Dazu hatte er sich dem Präsidenten des ›Provisorischen Komitees zur Unterstützung der Polen‹ in Zürich, Dr. Voegeli, empfohlen. Das Zürcher Polenkomitee unterstützte die aufständischen Polen in ihrem Guerillakrieg (1863-65) gegen die russische Regierung. Dem Komitee gehörte auch Keller in führender Position an. Es traf sich fast täglich zu Sitzungen in Kellers Diensträumen. In der Eigenschaft als Sekretär Voegelis hatte Schramm an Verhandlungen in Krakau über Waffenlieferungen für die Aufständischen teilgenommen und war mit hohen Summen betraut worden, um diese Geschäfte abzuwickeln. Das Geld wurde von ihm veruntreut. Bevor die Polizei Schramm als russischen Agenten entlarven und festsetzen konnte, hatte dieser Wind bekommen und war entwischt. Der Präsident Voegeli musste von seinem Amt zurücktreten.

Zur gleichen Zeit taucht in den Schweizer Polizeiakten

ein Pole mit dem Namen Julian Saminski auf, der im Gefängnis in Basel als russischer Spion entlarvt wurde. Die Ereignisse, die Keller während seiner Tätigkeit miterlebte, mögen ihm auch frühere abenteuerliche Ereignisse, wie sie sich in Schweizer Städten abgespielt haben, in Erinnerung gerufen haben. So hatte es eine Täuschung des Grafen Sobansky gegeben, dem sich ein junger Bursche als Sohn eines befreundeten Grafen vorstellte, und die Bewohner von Wädenswil am Zürcher See hatten sich durch »Graf und Gräfin« Stechenheim derartig ausnutzen lassen, dass sie zum Gespött der benachbarten Richterswiler werden konnten.

Zum Verständnis des Polen-Engagements muss man sich vor Augen führen, dass der polnische Freiheitskampf große Sympathien und Anteilnahme in intellektuellen Bürgerkreisen ganz Europas hervorrief. Es ist daher nicht verwunderlich, dass die Handlung der Novelle vielfältige Anspielungen auf die Polenbegeisterung enthält. Diese beziehen sich allerdings auf den Freiheitskampf der Jahre nach 1830.

Wie aus der Vorrede zum zweiten Teil der Ausgabe hervorgeht (59ff.), schätzte Keller diese Geschichtsphase weitaus mehr. In ironischer Sprechweise lobt er zwar die Gegenwart als eine, die nach seinem Urteil dem Charakter der Schweizer Bürger besser entspricht und spielt damit auf den erstarkenden Kapitalismus an. Als human denkender Bürger aber meint er das Gegenteil. Er distanziert sich durch seine Vorrede von einer Zeit, in der die Armen immer ärmer und die Reichen immer reicher werden, weil die Reichen ohne Rücksicht auf die Gemeinschaft und das Gemeinwesen nur ihre eigenen Vorteile bei allen Geschäften verfolgen. Diese Einstellung Kellers kann als wichtiger Hinweis für die Interpretation des Textes dienen.

In seiner Novelle verwendet Keller das in der Literatur allzeit beliebte Motiv des Hochstaplers. Erinnert sei an Thomas Manns 1954 veröffentlichten und zu Weltruhm gelangten *Felix Krull* und an Carl Zuckmayers *Hauptmann von Köpenick*. Entgegen der oben aufgeführten Briefstelle, ist die Hauptfigur in *Kleider machen Leute* Wenzel Strapinski, Hochstapler, keinesfalls aber Spion.

Hochstapler-Motiv

Keller hat sich vor allem mit dem Zyklus *Die Leute von Seldwyla* bis heute einen Platz in der Weltliteratur erschrieben. Sein Name ist eng verbunden mit den lesenswerten Erzählungen aus dem Seldwyla-Zyklus wie *Romeo und Julia auf dem Dorfe*, *Spiegel das Kätzchen*, *Pankraz der Schmoller* und nicht zuletzt *Kleider machen Leute*. Der *Lektüreschlüssel* will mit seinen Ausführungen zum umfassenderen Verständnis des liebenswürdigen kleinen Textes beitragen.

2. Inhalt

Wenzel Strapinski, ein bettelarmer, aber ausgesucht vornehm gekleideter Schneidergeselle, wandert auf der Straße zwischen Seldwyla und Goldach auf der Suche nach einer neuen Arbeit. Weil sein letzter Meister in Seldwyla in geschäftliche Schwierigkeiten geraten ist, hat er dort seine Arbeit und mit ihr auch den ihm zustehenden Lohn verloren. Ein herrschaftlicher Kutscher, der das Elend des jungen Schneiders erkennt, nimmt ihn in einem Reisewagen mit, der ein gräfliches Wappen trägt. Als der Wagen vor dem Gasthof zur Waage in Goldach anhält, wo der Kutscher seine Fahrt kurzfristig unterbricht und Strapinski aus der Kutsche steigt, wird er für einen Grafen gehalten.

Strapinski auf der Landstraße nach Goldach **Eröffnen des Rahmens**

Obwohl Strapinski sich in dieser Rolle sogleich sehr unwohl fühlt, ist er jedoch nicht Manns genug, den Irrtum sofort aufzuklären. Vielmehr lässt er sich durch die übertriebene Gastfreundlichkeit des Wirts zur Annahme dieser Rolle verführen, wenn auch lange Zeit innerlich widerstrebend und nach Auswegen suchend.

Für den Waagwirt steht die Ehre Goldachs auf dem Spiel, sofern er dem hohen Gast nicht alles bietet, was sein Haus und seine Küche hergeben.

Daher nimmt ein Geschehen seinen Anfang, das der Schneider schließlich aus eigener Kraft nicht mehr wenden kann.

Zunächst sind es die erfolgreichen Goldacher Geschäftsleute, die, dem Wirt vergleichbar, dem polnischen Grafen Strapinski impo-

Strapinski in der Grafenrolle

nieren wollen. Sie unterstellen ihm die Flucht aus Polen aus familiären oder politischen Gründen. Als kluge Rechner umschwärmen sie ihn und statten ihn unaufgefordert überreichlich mit allem aus, was seinem adligen Stand gemäß scheint, denn sie müssen glauben, dass der weitergereiste Kutscher das Gepäck versehentlich auszuladen versäumt hat.

Im Glanz des vermeintlichen Grafen wollen sie sich sonnen, durch seine Teilnahme an ihrem gesellschaftlichen Leben ihre eigene Bedeutsamkeit herausstellen und vorübergehend ihrer Alltagslangeweile entkommen. Darum beziehen sie Wenzel Strapinski sogleich in ihre Unternehmungen ein.

Zweifel Böhnis

Nur einer von ihnen, Melcher (Melchior) Böhni, der Buchhalter einer großen Spinnerei, schöpft Verdacht, entschließt sich aber, den Ereignissen ihren Lauf zu lassen, um einen Skandal heraufzubeschwören.

So gerät Wenzel Strapinski als polnischer Graf auf das Landgut des Amtsrats, des Vaters von Nettchen, einer schönen Goldacherin.

Seine insgesamt bescheidene Zurückhaltung, sein vornehmes, feingebildetes Äußeres und seine adlige Herkunft verfehlen auch nicht ihren Eindruck auf die Amtsratstochter, deren Sinn ohnehin immer schon nach Höherem stand und die deshalb die Bewerber aus der Goldacher Geschäftswelt, unter ihnen auch Melcher Böhni, stets zurückgewiesen hatte.

Glücksmomente und Sinneswandel Strapinskis

Die Umstände in dieser Gesellschaft wenden sich für Strapinski positiv. Er gewinnt beim Glücksspiel Geld und fasst eine ihm noch unbewusste Zuneigung zu Nettchen. Dies alles führt ihn zu einem allmählichen Sinneswandel. Er glaubt, in eine Stadt geraten zu sein, die anderen als den üblichen Gesetzen gehorcht, und so treten seine immer wieder gefassten und unfreiwillig vereitelten Fluchtpläne in den Hintergrund. Er beginnt, sich in seiner Rolle als polnischer Graf zu gefallen und sie durch bewusst ausgesuchtes Benehmen, durch das Beimischen polnischer Brocken in seine Rede und durch den Vortrag eines polnischen Liedes perfekt zu spielen.

Eine weitere, wenn auch nur flüchtige Begegnung mit Nettchen am Morgen seines zweiten Tags in Goldach führt ihn zur Rückkehr in die Stadt, die er mit dem Vorsatz verlassen hatte, das Weite zu suchen. In Strapinski geht ein völliger Sinneswandel vor. Er beschließt, vorläufig in der Stadt zu bleiben.

Nettchen in Strapinskis Leben

Von nun an gibt er alle seine Fluchtpläne auf und versucht in den folgenden Wochen durch Teilnahme an Lotteriespielen genug Geld zu gewinnen, um seine Existenz als polnischer Graf in der Gesellschaft weiterzuführen und zu festigen. Kleinere und größere Geldgewinne stellen sich glücklicherweise ein.

Doch in den fortwährend schlaflosen Nächten wird Strapinski von seinem schlechten Gewissen geplagt. Deshalb beschließt er trotz des Geldgewinns, der ihn in die Lage versetzt hätte, als angesehener Graf in der Stadt zu bleiben, seine Abreise. Auf einem Ball gibt er seinen Entschluss bekannt. Damit aber löst er Enttäuschung in der Gesellschaft und die allergrößte Verwirrung in den Gefühlen Nettchens aus. Sie folgt ihm in den nächtlichen Garten, fällt ihm um den Hals, weint bitterlich und verleitet Strapinski zum Eingeständnis seiner Zuneigung und Liebe.

Noch in der gleichen Nacht fordert Nettchen von ihrem

Vater die Einwilligung in eine Heirat mit Strapinski, die mit Drängen auf eine rasche Verlobung ausgesprochen wird.

Die Vorbereitungen auf diese Verlobungsfeier erfolgen unabhängig voneinander auf zwei Seiten:

Wenzel Strapinski gibt seine gesamte Barschaft für Brautgeschenke und das Fest aus, während Melcher Böhni in diesen Tagen in Geschäftsangelegenheiten nach Seldwyla reist.

Verlobungspläne und Verlobungsvorbereitungen

Er verabredet mit den Seldwylern eine Schlittenfahrt zum Winterfest in eben das Gasthaus auf halbem Weg zwischen Seldwyla und Goldach, das Wenzel Strapinski für die Verlobung mit Nettchen ausgesucht hat und zu der die gesamte Goldacher Gesellschaft eingeladen ist.

Zwei Schlittenzüge bewegen sich am Tag der Verlobung aus unterschiedlichen Richtungen auf das Gasthaus zu. Die für die Verlobung aufgeputzten Goldacher Schlitten folgen mit ihren Insassen der Fortuna, dem Schlitten des Amtsrats mit Strapinski und seiner Braut Nettchen, beide fürstlich ausstaffiert und an Schönheit unübertroffen.

Die Seldwyler jedoch haben ihre bäuerlichen Lastschlitten zu einem Maskenzug ausstaffiert, der das Schneiderhandwerk darstellen soll. Jedes Gefährt spielt auf dieses Handwerk durch eine übertriebene Darstellung der Requisiten oder Fabeln und Redensarten an, die das Auseinanderfallen von Sein und Schein thematisieren. So sitzt im ersten Schlitten die Glücksgöttin Fortuna, eine Strohpuppe aus Flittergold mit der Inschrift »Leute machen Kleider«. Ihr folgen die übrigen, besetzt mit Schneidern in immer neuen und anderen Kostümen. Im letzten Schlitten, mit der Inschrift »Kleider machen Leute«,

Der Seldwyler Maskenzug und das Entlarvungsspiel
Höhepunkt

fahren scheinbar hohe Herrschaften wie kostümierte Kaiser, Könige, Rats- und Kapitelsherren.

Das von Melcher Böhni eingefädelte Entlarvungsspiel nimmt seinen Lauf.

Mit Zustimmung der Goldacher Gesellschaft führen die Seldwyler Schneider einen Schautanz vor, durch dessen eindeutige Darstellung der vermeintliche Graf Strapinski als der Schneidergeselle entlarvt wird, der zuletzt seinem Seldwyler Schneidermeister aus der Arbeit gelaufen sei. Dieser bestätigt höchstpersönlich die Identität des Grafen als die des Schneidergesellen Strapinski vor der gesamten Goldacher Gesellschaft.

Der Skandal ist perfekt, Nettchen vor Entsetzen starr. Strapinski aber entfernt sich beschämt, ziel- und planlos in die Dunkelheit der Nacht in Richtung Seldwyla.

Die übermütigen und mit Getöse nach der gelungenen Entlarvung zurückfahrenden Schlitten der Seldwyler drängen Strapinski von der Landstraße. Er verbirgt sich vor ihnen durch einen Sprung in den Wald, wo er sich im Schnee ausstreckt und einschläft, dem Tod des Erfrierens ausgesetzt.

Strapinskis Reaktion auf seine Entlarvung

In der Zwischenzeit gewinnt Nettchen allmählich ihre Fassung zurück. Trost und Anteilnahme der Freundinnen und die Begleitung Melcher Böhnis ausschlagend, besteigt sie allein ihren Schlitten, ergreift die Zügel und steuert ihn in Richtung Seldwyla, aufmerksam die Straße mit ihren Blicken absuchend, Mütze und Handschuhe Strapinskis auf dem Rücksitz.

Nettchens Reaktion auf die Enthüllung der wahren Identität Strapinskis **Überraschende Wende**

Sie entdeckt ihn im Schnee liegend, rüttelt und belebt ihn

und löst ihn aus seiner Erstarrung, indem sie sich ihm zuwendet. Den um Verzeihung bittenden Wenzel Strapinski fährt sie kurzerhand zum Gehöft einer ihr bekannten Bäuerin, wo sie sich mit ihm aussprechen will. Das von ihr in jeder Hinsicht geschickt geführte Gespräch gibt Strapinski Gelegenheit, sich über sich selbst, seine Vergangenheit und die Beweggründe seiner Hochstapelei klar zu werden.

Zunächst bezeichnet sich Strapinski als Narr, der sich dem Schein ergeben und darüber die Wirklichkeit vergessen habe. Er beteuert, Nettchen dadurch Genugtuung verschaffen zu wollen, dass er freiwillig aus dem Leben scheidet. Gleichzeitig erklärt er die Umstände, durch die seine Fluchtpläne in Goldach immer wieder gescheitert sind, mit dem Hinweis auf die Rolle Nettchens in seinem gräflichen Scheinleben. Ihr aber geht es um die Ergründung seiner wirklichen Identität und seines Charakters. Sie forscht aus, was er mit ihr vorgehabt hat und vergewissert sich dadurch der Aufrichtigkeit seiner Zuneigung. Das Gespräch unterstreicht seine Integrität und Unbescholtenheit bis zur Ankunft in Goldach und erklärt seine Neigung zu Ausgesuchtem und Besonderem, die ihm die Mutter anerzogen hat. Als Gesellschafterin einer benachbarten Gutsherrin hatte diese ausgesuchtere Sitten angenommen. Wenzel hatte jedoch aus Liebe und Anhänglichkeit zu seiner Mutter darauf verzichtet, mit dieser Gutsherrin und deren Tochter in die Residenzstadt zu ziehen und dort eine glücklichere Wendung in sein Leben zu bringen. Stattdessen war er in die Lehre des Dorfschneiders gegangen, um zum Unterhalt beizutragen. Während seines Miltärdienstes bei den Husaren war die Mutter gestorben und Strapinski hatte nach Beendigung des Dienstes seinen Unterhalt

Enthüllungen
Strapinskis

als wandernder Schneider bei wechselnden Meistern verdient.

Auch der Ausforschung Nettchens nach möglichen Verhältnisses zu anderen Frauen begegnet Strapinski offen, indem er die außergewöhnliche Anhänglichkeit der kindlichen Tochter der Gutsherrin an ihn darlegt. Die Verbindung riss jedoch ab, da er bei seiner Mutter blieb.

Nettchen, überrascht, dass er sie mit diesem Kind vergleicht, entscheidet sich trotz der Gewissheit bevorstehender und zu überwindender persönlicher und gesellschaftlicher Schwierigkeiten zum zweiten Mal für Wenzel Strapinski, diesmal indes nicht für den Grafen, sondern für den Schneider. Sie löst damit sowohl in Seldwyla als auch in Goldach einen

> *Nettchens Entscheidung für den Schneider Strapinski* **Überraschende Wende**

Skandal aus, dem sie durch selbstbewusstes und planvolles Handeln begegnet. Dem Vater, in heller Aufregung über die Ereignisse, erklärt sie ihren Entschluss, Wenzel zu heiraten und bittet ihn um die Herausgabe ihres bedeutenden Erbes von Seiten ihrer verstorbenen Mutter. Nachdrücklich schlägt sie Melcher Böhnis Heiratsantrag aus. Der herbeigerufene Rechtsbeistand vermag die Streitenden zur Mäßigung zu bewegen und einen Stimmungsumschwung zugunsten des Brautpaares bei den Seldwylern herbeizuführen. Diese beschließen, die Liebenden zu schützen und eine gewaltsame Rückführung Nettchens nach

> *Hochzeit und Existenzgründung in Seldwyla*

Goldach zu verhindern. Die herangerückten Goldacher müssen sich schließlich den Ehewünschen Nettchens und Strapinskis beugen.

Die Zwistigkeiten der Städte enden mit der Hochzeit und der vorläufigen Ansiedlung des Paares in Seldwyla, wo

Wenzel Strapinski mit dem Erbe seiner Frau zu einem erfolgreichen Tuchherrn, einem Marchand-Tailleur avanciert. Tüchtigkeit und Spekulationsglück verdoppeln sein Vermögen.

Rückkehr nach Goldach
Schließen des Rahmens

Nach Jahren kehrt er nach Goldach zurück, wo er fortan in großem Ansehen mit seiner vielköpfigen Familie lebt.

3. Personen

Die Personen der Novelle lassen sich in **Haupt-** und **Nebenfiguren** untergliedern. **Protagonisten** (Spieler) sind Nettchen, Tochter des Goldacher Amtsrats, und **Wenzel Strapinski** in der Doppelrolle als Schneider und Graf. **Antagonist** (Gegenspieler) ist **Melcher Böhni**, der den Höhepunkt der Handlung und die entscheidende Wende herbeiführt.

Hauptpersonen

Den Hauptfiguren sind Nebenfiguren zugeordnet. In der Novelle agieren sie in der Hauptsache als Initiatoren der Verwandlung Strapinskis vom Schneider zum Grafen. Es sind dies der Lenker der gräflichen Kutsche, etliche Goldacher Bürger wie der Wirt des Gasthauses zur Waage, dessen Köchin und andere Bedienstete, und vor allem reiche Handelsherren aus Goldach, die so genannten Abendherren, welche die Gesellschaft der reichen Stadt repräsentieren und die eigene Bedeutsamkeit durch die Gesellschaft eines Grafen aufzuwerten wünschen. Zu ihnen zählt auch der Amtsrat, auf dessen Landsitz Strapinskis erste Begegnung mit Nettchen stattfindet.

Nebenfiguren

Gesellschaftliche Gegenspieler der Goldacher sind die Seldwyler Bürger, in stetiger Konkurrenz zu der reicheren Stadt Goldach. Einzelpersonen wie Personengruppen zeigen daher eine vergleichbare Konstellation. Der die Novelle bestimmende Konflikt wird durchgängig durch die Initiative Böhnis ausgelöst.

Nettchen, Tochter des Amtsrats, »ein hübsches Fräulein, äußerst prächtig [...] gekleidet und mit Schmuck reichlich verziert« (18), ist eine junge Goldacher Bürgerin. Nach dem frühen Tod der Mutter lebt sie bei ihrem Vater, der, wie zur Zeit Kellers üblich, seine Tochter mit einem angesehenen Bürger zu verheiraten wünscht. Nettchen jedoch hat sich diesem Wunsch bis zur Begegnung mit dem Grafen Strapinski beharrlich widersetzt. Sie hat die Bewerbungen der Freier, unter ihnen auch Melcher Böhni, ausgeschlagen (30), weil sie – wie ihr Vater berichtet – jemand Besonderen zum Mann wünscht. Es sollte ein Italiener, Pole, ein Pianist oder Räuberhauptmann »mit schönen Locken« (30) sein.

Nettchen wird also eingeführt als eine junge Frau, die dem Besonderen zuneigt und sich nicht willenlos den realen Gegebenheiten ihrer Umgebung ausliefert. Man darf in ihr daher durchaus eine Frau sehen, die selbstständig denkt und eigene Vorstellungen entwickelt. Diesen Vorstellungen bleibt Nettchen im Verlauf der Handlung durchgängig treu. Bei der Abendgesellschaft im Hause ihres Vaters nimmt sie den Platz an der Seite Strapinskis ein. Sie redet mit (20), nimmt also durchaus eine Position in der Gesellschaft ein. Es verwundert daher kaum, wenn Nettchen auf die Nachricht Strapinskis hin, verreisen zu wollen, nach anfänglicher Verwirrung die Initiative ergreift, Strapinski in den Garten folgt und ihm ihre Liebe gesteht. Sie handelt gezielt, bemächtigt sich der Person, die sie ausersehen hat. Die Eröffnung des Verlobungswunsches an den Vater erfolgt ohne Aufschub unmittelbar (30).

Der Aufprall nach dem Sturz aus dem Himmel höchster Erwartungen ist für Nettchen heftig. Die anfängliche Erstarrung und Ratlosigkeit löst sich schließlich durch bitterliches Weinen. Ihm folgen Gesten kraftvoller Entschlossenheit und energischer Handlung, die planvoll und gezielt in die Tat umgesetzt werden (41). Nettchen weiß, was sie will.

An dieser Stelle möchte sie Klarheit über die Beweggründe Strapinskis, die ihn zum Hochstapler gemacht haben. Was ihr bei diesem Plan im Weg steht, übersieht sie, wie die tröstenden Worte der Freundinnen oder die Annäherung Böhnis. Entschlossen und mit großer Umsicht macht sie sich auf die Suche nach Strapinski, dessen Pelzmütze und Handschuhe sie mitnimmt, den sie findet und zu einer Aussprache unter vier Augen bewegt, ein Gespräch, das die Positionen beider klärt und ihre Beziehung besiegelt. Nettchen ist der Mensch offenbar wichtiger als der Graf. Sie erforscht im Gespräch seine Charaktereigenschaften und kommt zu einem selbstständigen Urteil über Strapinskis Integrität, was ihm hilft, seine seelischen Beschädigungen und deren Ursachen aufzuarbeiten (47–52). Nettchen weiß auch in dieser Situation, ihren Willen zu artikulieren, sich »mit Ruhe und sanfter Festigkeit« (54) gegen alle Widerstände zu rüsten und durchzusetzen, gegen den Vater und gegen die Goldacher Bürger. Sie ist die starke Frau, die letztlich die Geschicke des Mannes so lange bestimmt, bis er – auf den Weg gebracht – sie selbst zu lenken gelernt hat. Danach kann sie die Rolle als Ehefrau und Mutter annehmen (58).

Wenzel Strapinski, Schneider, Graf, Marchand-Tailleur. Drei Rollen, die er spielt, nicht weil er sie spielen will, sondern weil sie sich für ihn, nahezu ohne sein Zutun, ergeben haben. Er betritt die Bühne des Geschehens nicht als vernünftig handelnde Person, sondern als »Märtyrer seines Mantels« (4).

Schon als Kind, wie er viel später Nettchen gesteht, ist er von seiner Mutter, die vor ihrer Verheiratung mit einem armen Dorfschulmeister Gesellschafterin einer Gutsbesitzerin gewesen war, »immer etwas zierlicher und gesuchter« gekleidet worden. Der frühe Tod des Vaters hat sie jedoch in größte Armut gestürzt, sodass sie den Traum von der »Aussicht auf glückliche Erlebnisse« aufgeben musste (48). Die Verantwortung für die eigene Handlungsweise übernimmt Strapinski nicht persönlich. Vielmehr schiebt er sie auf äußere Umstände, auf die er keinen Einfluss zu haben glaubt und deshalb auch keinen Einfluss nimmt. Strapinski muss daher als willenlos gelten. Die Ereignisse brechen über ihn herein und rollen über ihn hinweg.

Als er vor dem Gasthaus zur Waage in Goldach ankommt und für einen Grafen gehalten wird, lässt er sich widerstandslos in Haus und Speisesaal geleiten (5). Alle Aktivitäten, die er unternimmt, um seine ihm misslich erscheinende Lage zu verändern, fordern dem ängstlichen Menschen Mut ab, den er beim geringsten spürbaren Widerstand verliert. Alle Fluchtversuche scheitern, selbst dort, wo er sich allein auf freiem Feld befindet (25). Für den wankelmütigen Schneider finden sich stets Ausflüchte, in der Grafenrolle und in Goldach zu verbleiben.

Vernunft und Verstand sind keine hervorstechenden Eigenschaften Strapinskis. Er handelt aus dem Gefühl heraus, ohne jeden Weitblick. Nahezu mittellos, lässt er sich auf den Plan einer Verlobung mit Nettchen ein (30) und gibt mehr als die Hälfte seines Vermögens für Brautgeschenke aus (31). Als seine Rolle als Graf entlarvt ist, entfernt er sich »mit schweren Schritten«, »die Augen auf den Boden gerichtet, während große Tränen aus denselben fielen« (38). Er handelt beschämt, emotional. Später von Nettchen darauf angesprochen, wohin er mit ihr hätte gehen wollen, bemüht er rührselige Gefühle, indem er vom Geständnis des Betrugs und vom anschließenden Freitod faselt (47).

Wenzel Strapinski ist das Gegenteil von Nettchen, ein romantischer Träumer, der stets gewillt ist, die Erscheinungen für das Wesen der Dinge zu halten und sich mit diesem Selbstbetrug zu beruhigen, wie seine Gedanken beim ersten Rundgang durch Goldach verdeutlichen (23–25). Wenn ihm aus seiner Geisteshaltung am Ende eine bürgerliche Existenz erwächst, so, weil er Nettchen zunächst die Lebensplanung überlässt und sich letztendlich in Seldwyla mit dem Vermögen seiner Frau zu einem Marchand-Tailleur mausert, »bescheiden, fleißig, sparsam«, jedoch vor allem auf prompte Bezahlung der gelieferten Waren bedacht (57).

Melcher Böhni, »geborener Zweifler« (16) und »Buchhalter einer großen Spinnerei« (12 f.), ist der Gegenspieler Strapinskis und Nettchens. Er ist wie der Stadtschreiber, Notar und Amtsrat ein typischer Vertreter der Goldacher Gesellschaft, angesehen, da wohlhabend, immer fleißig, äußerst geschäftstüchtig, aber oft gelangweilt im ewig gleichen Rhythmus des Tagesablaufs. Daher ist er auf Abwechslung aus und sei es durch einen ordentlichen Skandal (16). Im Gegensatz zu den übrigen Goldacher »Abendherren«, die im Gasthaus zur Waage zu einem »Spielchen« zusammenkommen und ihr Leben ausschließlich in dieser Stadt verbringen, ist er ein aufmerksamer Beobachter mit guter Menschenkenntnis. Ihm sind die zerstochenen Finger Strapinskis ebenso wie seine Verlegenheit beim allgemeinen Glücksspiel aufgefallen, an dem dieser aus Mangel an Geld zunächst nicht teilnehmen wollte und konnte. Mit dem Hintergedanken, den Dingen ihren weiteren Lauf zu lassen, hilft Böhni unauffällig aus, obwohl er sich »fast im Klaren« ist, dass er »den Teufel in einem vierspännigen Wagen« fährt (17).

Von Nettchen als Bewerber abgewiesen, provoziert er einen Skandal, als er von ihrer Verlobung mit dem Grafen Strapinski erfährt (31). Er ist der Spiritus rector des Seldwyler Maskenzugs zur Entlarvung Strapinskis und nach erreichtem Ziel bereit, »freundlich, demütig und lächelnd« (41) sich zu Nettchens Führer und Begleiter zurück ins Vaterhaus nach Goldach zu empfehlen. Diese Rechnung des im Übrigen wirtschaftlich erfolgreichen Buchhalters geht nicht auf, so wie die von ihm eingeschlagene Richtung sich im Endeffekt als falsch erweist (42).

Der Wirt des Gasthauses zur Waage in Goldach ist ebenfalls ein typischer Vertreter der Goldacher Gesellschaft. Er gilt als »ein ziemlich schlauer Kopf« (13), der auf eben nicht gerade unehrliche Weise seine Geschäfte zu machen versteht, denn er protestiert gegen den Vorschlag der Köchin, welche die für die Abendherren vorgesehene Pastete kurzerhand durch zerkleinerte Koteletts zu verfälschen vorschlägt, um sie zu verlängern. »Dergleichen geht in dieser Stadt und in diesem Haus nicht an« (6).

Der Waagwirt, die Köchin und die übrigen Bediensteten

Der »Ehre« opfert er in besonderen Situationen, wie bei der Verköstigung eines Grafen, durchaus den finanziellen Gewinn, denn nichts erscheint ihm schlimmer, als eine den Ruf der Goldacher schädigende Nachrede. In diesem Zusammenhang verweist er auf die Wirte Seldwylas, von denen gesagt wird, dass sie alles »Gute selber fressen und den Fremden die Knochen vorsetzen!« (7).

Der Köchin, die die günstige Gelegenheit nutzen will, sich die Schlüsselgewalt über den Vorratsraum zu verschaffen, erteilt er eine Absage mit dem Hinweis auf ein Versprechen gegenüber seiner verstorbenen Frau. Wohlstand will allezeit gehütet sein, grobe Fehler müssen vermieden, kleine, die »Ehre« stärkende dürfen gemacht werden.

Auch die Köchin ist eine typische Vertreterin Goldachs. Sie kennt sich aus in Benehmensfragen und misst die Zugehörigkeit zu einer bestimmten Standesschicht an dem ständisch angemessenen Verhalten. Allerdings erfolgt die Interpretation der Beobachtungen nach vorher gefassten Urteilen, sodass im Fall Strapinskis jede, auch die krasseste Abweichung von den erwarteten Tischsitten positiv, im Sinne standesgemäßer Vornehmheit umgedeutet wird. Man kennt sich aus mit der feinen Gesellschaft, weil man sie bekocht und ihr in dieser Funktion aus der Ferne begegnet (9). Insgesamt sind die Bediensteten den Anweisungen der Herrschaft verpflichtet, sie sind in diesem Sinne nützliche Mitglieder der Gesellschaft, die den ihnen zugewiesenen Platz brav und wacker ausfüllen.

Zur Goldacher Gesellschaft zählen die Honoratioren der Stadt, der Stadtschreiber, der Notar und der Amtsrat, und einige Söhne aus reichen Handelshäusern, die namentlich genannt werden (12). Von ihnen wird gesagt, dass sie aus

> *Die Goldacher Gesellschaft*

Goldach nicht herausgekommen sind, ihre dadurch bedingte Engstirnigkeit aber nicht wahrhaben wollen, weshalb sie sich auf »Verwandte und Genossen in aller Welt« (13) berufen und die eigene Weltläufigkeit daraus ableiten. Ständiger Eintönigkeit im Alltag ausgesetzt, sind sie für jede Abwechslung dankbar und benutzen jede Gelegenheit, den eigenen Reichtum auszustellen und im Vorweisen des Besitzes miteinander zu konkurrieren (13, 22). Dabei sind sie weit entfernt von jedweder Lächerlichkeit, vielmehr sind sie umsichtige und schlaue Geschäftsleute, wie der wirtschaftliche Erfolg, in dem sie sich sonnen, zweifelsfrei beweist.

Ihr geschäftiger Alltag lässt sie stets aktiv sein, und selbst in der Abendherren-Gesellschaft würfeln und spielen sie unentwegt, »um nicht in schnöden Müßiggang zu verfallen« (16).

Anders als mit der Goldacher verhält es sich mit der Seldwyler Gesellschaft. Auf sie stößt der Leser gleich zu Beginn der Novelle, wo vom Falliment (Pleite) eines Seldwyler Schneidermeisters die Rede ist, um dessentwillen Strapinski Arbeit und Lohn einbüßte. Die Geschäftstüchtigkeit erscheint also eingeschränkter, die Gesellschaft auf wirtschaftlich weniger sicheren Füßen zu stehen.

Die Seldwyler Gesellschaft

Am Wendepunkt der Novelle rückt Seldwyla in den Mittelpunkt. Auf Betreiben Melcher Böhnis kommt es zur Maskerade der Schneiderinnung, auf Schlitten montiert und in einem übermütigen Zug und einem Masken- und Entlarvungsspiel vorgetragen (33–37). Diese Gesellschaft erscheint gröber und toller als die vornehm zurückhaltende Goldacher Bürgerschaft, direkt und rücksichtslos.

Als es dann allerdings um den Verbleib des Geldes, das Nettchen in die Ehe einbringen würde, geht, schlägt die Stimmung der Seldwyler zugunsten Nettchens und Strapinskis um. »Sie beschlossen, die Liebenden zu schützen mit Gut und Blut und in ihrer Stadt Recht und Freiheit der Person zu wahren« (55), eine Anmerkung, die an dieser Stelle den Schluss nahe legen könnte, dass das Recht eine Sache der Mitgift ist.

Wenn der Marchand-Tailleur Strapinski nur gegen prompte Bezahlung der Waren für die Seldwyler arbeitet und ihnen bunte Fräcke schneidert, so weist dies ebenfalls auf eine recht verwilderte Zahlungsmoral hin, sodass Rache- oder Undanksgefühle letztendlich den fleißigen, zu erklecklichem Wohlstand gekommenen Wenzel Strapinski zum endgültigen Umzug nach Goldach bewegen (57 f.).

Keine der Personen in Kellers Novelle kann Vorbildcharakter für sich beanspruchen. Weder die besitzstolzen, provinziellen Goldacher mit ihrem Hang, ihren öden Alltag mit trivialen Illusionen zu überhöhen, noch der intrigante Melcher Böhni und die hämisch schadenfrohen Seldwyler, die genüsslich die Exekution eines ehemaligen Mitbürgers inszenieren, nicht die Schöne vom Lande mit ihrem Hang zum Höheren, auch nicht ihr auserkorener Ehemann Wenzel, der schon bald unter den Pantoffel gerät und den romantisch-poetischen Schein am Ende mit dem Bedeutungsschein, den das Geld verleiht, vertauscht, sind geeignet, sittliche Maßstäbe für ein nachahmenswertes Verhalten zu setzen.

Sie alle bilden zusammengenommen das närrisch-satirische Ensemble in einer Gesellschaftskomödie. Dargestellt werden die Verengung und Beschränktheit des provinziellen Menschen, der Triumph von Illusion, Ignoranz und Geldspießertum und die Niederlage der Humanität.

4. Werkaufbau, Sprache, Gattung

Strukturskizze

1. Teil der Novelle (3,1–31,23)		
Wenzel Strapinski auf der Landstraße nach Goldach	Empfang im Gasthaus zur Waage in Goldach	Indizien zur Bestätigung falscher Annahmen
Wenzel Strapinski in der Grafenrolle	Initiation und Unterstützung durch die Goldacher Bürger	Melcher Böhni als heimlicher Gegenspieler Strapinskis
Nettchens Zuneigung zum Grafen Strapinski	Unterstützung durch den Amtsrat	Melcher Böhni als heimlicher Gegenspieler dieser Verbindung

2. Teil der Novelle (31,24–58,10)		
Wenzel Strapinski als Verlierer durch seine Entlarvung	Unterstützung der Entlarvung durch die Seldwyler Bürger	Melcher Böhni als heimlicher Initiator der Entlarvung
Nettchens innerer Konflikt	Nettchens einsame Entscheidung	Melcher Böhni als möglicher Gewinner
Nettchens Lösung des Konflikts	Öffentlicher Konflikt und dessen Beilegung in Seldwyla und Goldach	Melcher Böhni als Verlierer

Kellers Novelle *Kleider machen Leute* weist zwei Teile auf. Der erste Teil reicht bis zum Entschluss Nettchens, sich mit Strapinski zu verloben, der zweite Teil enthält Strapinskis Entlarvung

> Der Aufbau

und die unerwartete Wendung, in der Nettchen sich für den Schneider entscheidet, und dieser mit ihrer Hilfe zum angesehenen Marchand-Tailleur in Seldwyla wird.

Kellers Erzählweise ist im Wesentlichen linear, d. h., sie folgt chronologisch dem Ablauf der Handlung. Die einzige Abweichung ist die in den zweiten Teil eingeschobene Rückblende

> Kellers Erzählweise

auf die Vergangenheit, die das Leben Wenzel Strapinskis bis zu seinem Erscheinen in Goldach nachholt. Nettchen fordert in einer Aussprache mit Strapinski diesen Rückblick energisch ein.

Dominant ist die Erzählerrede. Der allwissende Erzähler mit Innensicht in seine Personen bestimmt die Erzählsituation. Der Leser ist daher jederzeit eingeweiht in die Gefühle und Ansichten der Personen. Eine solche Erzählweise ermöglicht ein überaus zügiges, schnörkelloses Erzählen.

Kellers Sprache zeichnet sich durch Einfachheit und Präzision aus. Alles Überflüssige wird vermieden, sodass der Leser stets unmittelbar am Ereignis teilnimmt. Für ihn gibt es kei-

> Kellers Sprache

ne Überraschungen im Ablauf, stets ist er durch wenige, klare Hinweise über das zu Erwartende informiert. Als Beispiel sei auf die Anbahnung der Wende verwiesen. In zwei parallel gebauten und durch *und* verbundenen Hauptsätzen wird über das drohende Unheil lapidar informiert: »Um diese Zeit geschah es, dass Herr Melchior Böhni in der letzteren Stadt [Seldwyla] Geschäfte zu besorgen hatte und daher einige Tage vor dem Winterfest in einem leichten Schlitten dahinfuhr, seine beste Zigarre rauchend; und es geschah ferner, dass die Seldwyler auf den gleichen Tag wie die Goldacher auch eine Schlittenfahrt verabredeten, nach dem gleichen Orte, und zwar eine kostümierte oder Maskenfahrt« (31).

Die immer wieder eingestreuten Personenreden stellen in der Handlungsführung retardierende Momente dar. Der vorwärts drängende Erzählfluss der Erzählerrede wird in solchen Momenten angehalten. Der Leser nimmt unmittelbar an Gesprächsszenen teil, die ihm ermöglichen, sich durch die Dialoge ein getreues Bild von den Personen und ihren Handlungsmotiven zu machen.

Retardierende Momente

In der Personenrede charakterisieren sich die Personen selbst. Als Beispiele mögen an dieser Stelle der Dialog zwischen dem Waagwirt und der Köchin gelten (7), in der das wohlmeinende Verhalten und der Geschäftssinn des Waagwirts deutlich hervortreten, und später die Rede des Amtsrats, in der er ein Charakterbild Nettchens zu geben versucht (30f.).

Die Erzählhandlung ist auf einen knappen Zeitabschnitt begrenzt. Die Handlung setzt an einem unfreundlichen Novembertag ein und endet noch im gleichen Winter mit der Hochzeit in Seldwyla. Die Jahreszeit ist mit Bedacht gewählt. Wie alles Leben in der Natur auf den Tiefpunkt der Erstarrung gerät, so geschieht es auch mit den Protagonisten Strapinski und Nettchen. Sie geraten durch die Ereignisse auf den Tiefpunkt in ihrem Leben, überwinden ihn jedoch durch die bewusste Entscheidung Nettchens.

Im Ausblick werden auf knappstem Raum Vergangenheit in Seldwyla und Zukunft in Goldach zusammengedrängt.

Keller verwendet darauf nicht mehr als zwei Erzählabschnitte am Ende der Novelle.

Im Zentrum fügt Keller im Unterschied zu seiner zügigen, linearen Erzählweise ein relativ breit angelegtes retardierendes Moment durch symbolische Verweise ein. Im Augenblick, wo Strapinski durch die Geschenke der Goldacher Bürger gräflich ausgestattet worden ist, sieht er sich in der Stadt um. In den steinernen und gemalten Sinnbildern vermutet er einen inneren Zusammenhang mit dem, was sich hinter ihnen verbirgt. Seiner naiven Weltsicht entspricht die Identität von Wahrnehmung und Sinn. Der Erzähler jedoch nutzt die Sinnbilder zu ironischer Aufklärung der Diskrepanz zwischen Schein und Sein und verweist mit erzieherisch-didaktischer Absicht auf mögliche Folgen solch selbstbeschwichtigenden Irrtums.

So wohnt im Haus der *Verfassung* beispielsweise ein Bötticher, der Eimer und Fässchen mit Reifen einfasst (24), und das Gasthaus zur Waage ist für Strapinski der Ort, wo ungleiche Schicksale abgewogen und ausgeglichen (25) werden.

Keller ermöglicht seinen Lesern stets eine persönliche Bewertung des Geschehens. Dies gilt für einzelne Personen und gesellschaftliche Gruppen gleichermaßen. Banale Wahrheiten werden ironisiert und bewirken beim Leser ironische Distanz zum Geschehen. Wenn Keller beispielsweise im Augenblick des tiefsten Falls den »tüchtigen Schneuz« (41) ins Taschentuch zur Unterstreichung der Entschlusskraft Nettchens erwähnt, so zeigt er damit eine gehörige Distanz zum Geschehen, in das er weder sich noch den Leser zu verwickeln trachtet.

Kellers Distanz zum Geschehen

Demgegenüber wird zuweilen die Distanz auch bewusst

aufgehoben. In paktierender Weise mit dem Leser wird Strapinski »unser Schneider« (40) genannt und die Zustimmung des Lesers zur auktorialen Beurteilung der Handlungsweise des Schneiders stillschweigend vorausgesetzt. Hier tritt die didaktische Erzählabsicht wirksam zu Tage.

Kellers kleine Erzählung gehört der Gattung *Novelle* an.

Kellers Umgang mit der Gattung Novelle

In ihr rückt an die Stelle der Hervorhebung der Person ein Prozess, in den ein Mensch verwickelt ist. Der Betroffene selbst kann in diesen Prozess nicht eingreifen. Strapinski gerät auf seiner Wanderung ohne böse Absicht in die gräfliche Kutsche. Seit der Ankunft vor dem Gasthaus zur Waage stürzen die Ereignisse auf ihn ein. Sie entwickeln eine Eigendynamik, die den Betroffenen zum Spielball macht, unfähig, steuernd in die Geschicke einzugreifen.

Seit Goethe ist die Novelle in der deutschen Literatur fest verankert. Einen Höhepunkt erreichte sie in der nachklassischen Zeit mit Heinrich von Kleist, der ihr als Medium einer zutiefst tragischen Weltsicht den formstrengsten, geschlossensten Aufbau gab.

Allgemeine Merkmale der Gattung

Rahmenbau, geradliniges Erzählen und Wendepunkt der Handlung sind häufige Gattungsmerkmale. Die Novelle des poetischen Realismus zeigt den Einzelnen verwickelt in die Bedingungen seines gesellschaftlichen Lebensraums.

Abweichen von der Gattungserwartung

Kleider machen Leute ist in Form und Aufbau eine typische Novelle, dennoch weicht sie vom vertrauten Erwartungsmuster ab, indem sie sich, zumindest auf den ersten Blick, für den Helden nicht ins Tragische wendet, sondern eine positive Lösung bereitzuhalten scheint. Der Rahmenbau gewinnt zwischen Aufbruch und Heimkehr Gestalt. In Goldach beginnt und endet die Geschichte des Schneiders Wenzel Strapinski. Er kehrt am Ende an seinen Schicksalsort zurück.

Gattungstypisch ist in der Novelle der Wendepunkt. Das Leben Strapinskis in Goldach ist zwar ständigen Wechselbädern ausgesetzt, entscheidend aber wendet sich seine Lage bei der Entlarvung durch die Seldwyler Maskerade. Entgegen der Erwartung ihres Initiators Böhni jedoch entscheidet sich Nettchen für den Schneider, der mit ihrem Geld die Möglichkeit erhält und nutzt, zum angesehenen Bürger zu werden.

Inwieweit man bei der Beurteilung der Wende als Wende zum Positiven bleiben kann, wird in der Interpretation aufzugreifen und zur Diskussion zu stellen sein.

Klarheit und illusionslose Nüchternheit ermöglichen dem Erzähler eine vorbildlich lehrreiche Darstellung und dem Leser, aus dem dargestellten Geschehen zu lernen. Keller selbst hat sich als Volkserzieher verstanden, einem Verständnis, dem er auch mit *Kleider machen Leute* gerecht werden möchte.

5. Wort- und Sacherläuterungen

1 Der Titel *Kleider machen Leute* nimmt eine Verhaltensregel des römischen Rhetorikers Quintilian (35–96 n. Chr.) auf (»vestis virum reddit«). Es handelt sich um einen sentenzenhaft moralisierenden Titel, wie Keller ihn auch für andere Erzählungen benutzt.

Keller bezeichnet seine kleine Erzählung als *Novelle*. Diese Gattungsbezeichnung hat Goethe im Gespräch mit seinem Biographen Eckermann (25. 1. 1827) als zutreffend für » eine unerhörte Begebenheit« bestimmt.

3,3 **Goldach:** sprechender Name für eine kleine, reiche Stadt (Gold!).

3,4 **Seldwyla:** Schweizer Städtchen. Gottfried Keller weist in seiner »Vorrede zum zweiten Teil der *Leute von Seldwyla*« darauf hin, dass sich seit dem Erscheinen der ersten Hälfte der Erzählungen sieben Städte dieses Namens darum streiten, welches Seldwyla gemeint sei. Geschickt zieht er sich aus der Affäre, indem er deutlich macht, dass wohl in jedem Tal der Schweiz »ein Türmchen von Seldwyla« stehe und auch über die Grenzen der Schweiz hinaus ein solches zu finden sei. Keller macht also deutlich, dass die Begebenheiten seiner Novelle zwar von ihm erfunden, also reine Fiktion sind, dennoch könnten sie wahr sein, denn die Menschen sind närrisch genug, um zu dem Geschilderten fähig zu sein. Während Keller in der Vorrede zum ersten Teil der Novellensammlung Seldwyla als »einen wonnigen und sonnigen Ort, […] gelegen irgendwo in der Schweiz« bezeichnet, spricht er in der Vorrede zum zweiten Teil von »Veränderungen« in Seldwyla, »dass sich sein sonst durch Jahrhunderte gleich gebliebener Charakter in weniger als zehn Jahren geändert hat und sich ganz in sein Gegenteil zu verwandeln droht« (59).

3,10 **Falliments:** Falliment: Geschäftsauflösung durch Bankerott, der Geschäftsinhaber ist zahlungsunfähig, der Volksmund sagt »Pleite«.

3,17 **Fechten:** ein nicht mehr gebräuchlicher Ausdruck für Betteln. Handwerksburschen schlugen sich auf ihrer Wanderschaft zu einem neuen Meister auf diese Weise durch.

3,20 **Radmantel:** ein Mantel, der, vergleichbar einem Poncho, rund aus einem Stück Tuch herausgeschnitten wird. Schnitt und Futter betonen die Vornehmheit seines Trägers. Keller soll in seiner Münchener Zeit selbst einen solchen Mantel getragen haben.

3,25 **Habitus:** innere Haltung, äußeres Erscheinungsbild, das gesamte Auftreten eines Menschen.

5,33 **lamentieren:** jammern, klagen.

9,6 **Blödigkeit:** ursprünglich bedeutet es ›Schwäche, Zaghaftigkeit‹. Es schwingt aber hier bereits eine Abwertung Strapinskis mit.

11,12 f. **Kapitelsherren:** geistliche Herren, die zu einem Dom oder Stift gehören. Sie nehmen in ihren Hauptversammlungen Einfluss auf die politischen Entscheidungen innerhalb des Kirchenbezirks.

12,3 **Kerbholz:** Holzstab, auf dem durch Einkerbungen Schulden festgehalten wurden. Heute bedeutet die Redewendung in der Regel so viel wie ›etwas auf dem Gewissen haben‹.

12,8 **Wanderbuch:** Buch, in das der wandernde Handwerksgeselle seine Aufenthaltsorte und Arbeitszeiten einträgt als Nachweis für die spätere Meisterprüfung.

12,13 **Tokaier:** naturreiner Süßwein aus Ungarn, benannt nach der Stadt Tokaj.

13,5 **Stockzähnen:** mundartlich für Backenzähne. Wenn jemand auf »seinen Stockzähnen lächelt«, so wird damit ein verhaltenes, kaum merkliches Lächeln bezeichnet, das die Überlegenheit des Lächelnden über den Belächelten deutlich machen soll.

13,12 **Comptoir**stuhl: Kontor, Büro, Geschäftszimmer.

13,22 **Polacke:** Pole, poln. »polak«. Die Bezeichnung wurde erst später pejorativ gebraucht.

13,33 **Kompagnon:** Geschäftspartner, Mitinhaber, Teilhaber einer Firma.

14,26 **Witz:** Hier im Sinne von ›Geist, Verstand‹ verwendet.

15,16 **karneolfarbigen Sausers:** hellroter, gärender Most. Die Farbe wird abgeleitet von der Farbe des Karneols, eines Edelsteins.

16,23 **Putsch:** politischer Umsturz oder Umsturzversuch. An dieser Stelle im Sinne von ›Skandal‹ verwendet.

16,27 **Praga oder Ostrolenka:** Praga ist ein Stadtteil der polnischen Metropole Warschau, Ostrolenka eine Kreisstadt in deren Nähe. 1794 in Praga und 1831 bei Ostrolenka wurden Aufstände der Polen gegen die russische Verwaltung zwar niedergeschlagen, sie zeigten jedoch das unerschütterliche und nicht zu erstickende Nationalgefühl der Polen an, die zu dieser Zeit keinen eigenen polnischen Staat hatten. Polen war unter Russland, Preußen und Österreich aufgeteilt worden. Der Aufstand der Polen gegen die Russen löste im Europa der nationalen, zentralstaatlichen Bestrebungen eine große Polenbegeisterung aus.

Die Anspielung nimmt außerdem Bezug auf die angeblich adlige Herkunft Wenzel Strapinskis als polnischer Graf, zeigt aber gleichzeitig, durch den Hinweis auf die zerstochenen Finger, auch deutlich den Zweifel seines Gegenspielers Melcher Böhni an der Echtheit seines Adels.

16,30 **das Sausergelüste ... gebüßt:** die Lust auf eine Zechpartie beendet.

16,35 **Hasardspiel:** Glücksspiel.

17,1 f. **Brabantertaler:** Münze aus Brabant, einer Provinz Belgiens.

17,20 **Louisdors:** Louisdors: seit 1640 unter Ludwig (Louis) XIII. von Frankreich geprägte Goldmünze.

18,6 **Akazien:** Baumart, in Südeuropa häufig als Alleebaum. Die Akazie gehört zu den Mimosengewächsen, sie bildet an ihren Zweigen Dornen aus.

18,24 **stutzerhaft:** hier in Anwendung auf Nettchen ›auffällig, modisch‹.

20,22 f. **Hunderttausend Schweine ...:** Nettchen spielt in ihrer Zustimmung zum Gesang Strapinskis auf die Begeisterung für alles Nationale an (20,30 f.).

20,23 **Desna ... Weichsel:** Flüsse, die das polnische Kernland umfließen.

20,27 **Wolhyniens:** Landschaft in Zentralpolen.

21,29 **Expressen:** sprachlich veraltete Form für ›Eilboten‹.

22,4 **ein Opfer politischer oder der Familienverfolgung:** weitere Anspielung auf die Polenaufstände.

23,31 **Schultheiße:** im norddeutschen Raum auch ›Schulzen‹, von der Gemeinde gewählte Bürgermeister.

24,2 **Kämbel:** aus dem mittelhochdeutschen Wort *kembel* abgeleitetes Wort für Kamel.

24,3 **Aufklärung:** Die im Europa des 18. Jahrhunderts herrschende geistige Bewegung. Sie wollte alles Denken von Vorurteilen befreien und auf Vernunft gründen. Sie richtete sich gegen Willkürherrschaft und Aberglauben

und trat ein für die Erneuerung der Wissenschaft und
Bildung. »Aufklärung ist die Befreiung des Menschen aus
seiner selbstverschuldeten Unmündigkeit.« So definierte
ihr philosophischer Kopf Immanuel Kant (1724–1804)
die Ziele.

24,3 f. **Philanthropie:** Menschenliebe. Der Begriff ent-
stammt der Geistesgeschichte des 18. Jahrhunderts.

24,6–21 **zur Eintracht … zur Geduld:** Stadthäuser in
Goldach (Embleme).

24,32 **Weibergut:** das von der Frau in die Ehe eingebrachte
Vermögen, heute in der Regel als Mitgift bezeichnet.

25,17 **Utopien:** ein erhoffter oder befürchteter gesellschaftlichen Zustand in der Zukunft. Auch: Wunschland, Hirn-
gespinst oder schwärmerische Vorstellung.

28,2 **Kollekteur:** Verkäufer von Lotterielosen. Lotterieein-
nehmer.

30,34 **Polackei:** Polen in Analogie zu ›Polacke‹: Pole
(13,25).

32,11 **Fortuna:** Glücksgöttin der Römer.

32,18 **Galions:** erkerartiger Vorbau am Bug älterer Schiffe,
häufig geschmückt mit aus Holz geschnitzten Figuren.
Sie werden Galionsfiguren genannt.

32,23 **Teich Bethesda:** vgl. Joh. 5,2.

33,12 **Gazegewänder:** Gewänder aus sehr leichtem, durch-
sichtigem Gewebe.

33,17 **Schuh:** altes Längenmaß wie Fuß (25–33 cm).

34,3 **ethnographischer:** völkerkundlicher; hergeleitet aus
›Ethnographie‹ Völkerkunde. »Historisch-ethnographi-
scher Schneiderfestzug« meint hier das Aufgebot von
Schneiderdarstellungen in vielfältigen Maskierungen und
Schneiderkostümen.

34,11 **Gravität:** Würde.

35,21 Priester**talar:** knöchellanges Gewand, auch »Robe« genannt, das von Geistlichen, Juristen und Professoren auch heute noch bei feierlichen Amtsritualen getragen wird.

35,30 **Werg:** Stoff, der bei der Bearbeitung von Flachs als Abfall anfällt.

35,31 **sich ... drapierte:** ›sich drapieren‹ meint: sich schmücken.

35,32 **Carbonarimantel:** Die politischen Geheimbündler Carbonari (1776) in Italien trugen zum Zeichen ihrer Zugehörigkeit diesen Mantel.

37,7f. **Wasserpolacken:** Ausdruck für die Polen, die zu Preußen gekommen waren.

37,29 **diabolischen:** teuflischen.

37,31 **Mirakels:** Mirakel: Wunder, hier ist die komödiantische Aufführung im Saal durch die Seldwyler und Goldacher gemeint.

39,4 **infam:** ehrlos.

39,23 **Pfründe:** mit Einkünften ausgestattetes Kirchenamt.

45,6 **Gevatterin:** Taufpatin.

54,1 **desperate:** verzweifelte, hoffnungslose.

56,10 **neues Troja:** Keller verwendet hier das Adjektiv »neu« im Gegensatz zum »alten Troja«. Homer erzählt in seiner Ilias von der zehnjährigen Belagerung und der Zerstörung der Stadt Troja in Kleinasien durch die Griechen, nachdem der Trojaner Paris Helena, die schöne Frau des Königs Menelaos, geraubt und entführt hatte. Das »neue Troja« spielt in komischer Übertragung auf die Zwistigkeiten zwischen den Goldachern und Seldwylern an, indem die Goldacher erwägen, das Brautpaar Nettchen und Strapinski gewaltsam nach Goldach zurückzuholen.

56,12 **Stadttambour:** Ausrufer, Trommler. Er machte den

Bürgern durch Trommelschlagen und Ausrufen die neuesten Gemeindenachrichten bekannt.

56,19 Aufgebot: öffentliche Bekanntmachung über die Absicht der Eheschließung.

57,12f. Katzenköpfen: kleine Geschütze.

57,17 Marchand-Tailleur: Tuchhändler und Tuchverarbeiter in einer Person. Durch die Verwendung der französischen Sprache wird hier auf die besonders herausgehobene, vornehme Stellung des Geschäftsmanns Strapinski verwiesen.

58,9 Stüber: kleinste Münze, vergleichbar einem Pfennig.

6. Interpretation

Es gehört zur Kunst realistischen Erzählens, das erzählte Geschehen in eine konkrete Landschaft hineinzustellen. Deshalb ist es nur konsequent, wenn Keller für seine Novelle *Kleider machen Leute* seine schweizerische Heimat auswählt. Zwei Städte sind die zentralen Orte des novellistischen Geschehens, Goldach und Seldwyla. In ihnen zeichnet der Autor modellhaft schweizerische Zustände nach.

> Konkrete Landschaft

Die Namengebung ist bereits programmatisch bedeutungsvoll. Gold in »Goldach« verweist auf den Reichtum dieser Stadt. Reichtum begegnet dem Leser, wenn er mit der Hauptfigur etwas später in der Stadt umhergeht und sie mit deren Augen betrachtet. »Seldwyla« hingegen enthält »Wyla«, das schweizerische Wort für hochdeutsch »Weiler«, das in historisch früher Zeit die aus wenigen Gehöften bestehenden kleinen Ansiedlungen bezeichnete. Die Bewohner Goldachs sind recht wohlhabende Bürger im Vergleich mit dem eher kleinbürgerlichen Durchschnitt in der Schweiz.

Wenzel Strapinski, ein armes Schneiderlein, kehrt an einem unfreundlichen Novembertage den Kleinbürgern den Rücken. Er hat wegen der Zahlungsunfähigkeit seines seldwylischen Schneidermeisters Arbeit und Lohn eingebüßt. Nun befindet er sich auf der Straße nach Goldach, mit dem Ziel eines ihm noch unbekannten Reichtums vor Augen. Seine äußere Aufmachung ist ungewöhnlich, seinem Schneider-Handwerksstand völlig unangemessen.

Bis in die Mitte des 19. Jahrhunderts – Keller lässt seine Novelle um diese Zeit spielen –, war das Gemeinwesen

▌ noch ständisch gegliedert. Das bedeutete, dass der Stand,
in den man hineingeboren wurde, in der
Regel nicht verlassen werden konnte. Kauf-
mannsgilden und Handwerkerzünfte regel-
ten durch festgeschriebene Gesetze das gesellschaftliche Zusammenleben. Der Stand
war an der Kleidung, die in der Öffentlichkeit getragen
wurde, abzulesen.

*Ständische
Gliederung des
Gemeinwesens*

Wenzel Strapinski aber ist schon zu Beginn der Novelle
keineswegs als wandernder Schneidergeselle auszumachen.
Keller staffiert ihn, liebevoll »armes Schneiderlein« genannt,
als Märchenprinzen oder als romantischen Jüngling aus,
dessen Erscheinung ihm das beim Wandern übliche »Sich-
Durchschlagen« verwehrt, »weil er über seinem schwarzen
Sonntagskleide, welches sein einziges war, einen weiten
dunkelgrauen Radmantel trug, mit schwarzem Samt ausgeschlagen, der seinem Träger ein edles und romantisches
Aussehen verlieh, zumal dessen lange schwarze Haare und
Schnurbärtchen sorgfältig gepflegt waren und er sich blasser, aber regelmäßiger Gesichtszüge erfreute«. Hinzu
kommt eine »polnische Pelzmütze [...], die er ebenfalls mit
großem Anstand zu tragen wusste«(3). Das »Schneiderlein«,
der Protagonist der Novelle, fällt also von vornherein aus
dem Rahmen der Erwartungen, die Zeiten sind unzuverläs-
sig geworden, die äußeren Erkennungszeichen sind trüge-
risch, »mit dem wirklichen Seldwyla [hat sich] eine solche
Veränderung zugetragen, dass sich sein sonst durch Jahrhunderte gleich gebliebener Charakter in weniger als zehn
Jahren geändert hat und sich ganz in sein Gegenteil zu verwandeln droht«³.
Wenzel ist lebendiges Modell für den gesellschaftlichen
Wandel, der Bestehendes ignoriert, dafür aber eigenwilli-

gen Vorstellungen folgt, die eigentlich aller Vernunft widersprechen. Der Schneider
wird »der Märtyrer seines Mantels« (4), der
ihn zwingt, die Befriedigung seiner menschlichen Urbedürfnisse hintanzustellen. Er leidet »Hunger,
so schwarz wie das Sammetfutter« seines Radmantels (4).
Der schöne Schein, der Wunsch nach einem ästhetischen
Erscheinungsbild, ist stärker als das Urbedürfnis, sich zu
sättigen.

> *Gesellschaftlicher Wandel*

In dieser Situation trifft Wenzel Strapinski auf einen un-
besetzten herrschaftlichen Reisewagen. Der Kutscher lädt
ihn zum Mitfahren ein, weil er die Kümmerlichkeit und
Mattigkeit des Fußgängers erkennt. Von eben diesem Kutscher aber wird im Folgenden berichtet, dass er – ein
»schalkhafter und durchtriebener Kerl« – die einsetzenden
Verwicklungen beschleunigt. Er gibt den Schneider als Grafen aus und nutzt diese Situation, um ihm die Zeche für sich
und die Pferde aufzubürden (11f.). Im Kutscher verbinden
sich Menschenkenntnis mit festgefügten Vorstellungen. Sein
»handfestes Essen« nimmt er regelrecht »in der Stube für
das untere Volk« ein, aber er erwartet auch ein Wort des
Danks für erwiesene Gefälligkeit (11). Keller spiegelt gesellschaftliche Auflösungserscheinungen sowohl durch Verwischen und Durchbrechen von Standesgrenzen als auch
durch gewissenloses, unehrliches Verhalten, das den eigenen
Vorteil über die Moral stellt.

Vor dem Gasthof zur Waage entsteigt Wenzel Strapinski
»blass, schön und schwermütig zur Erde blickend« der Kutsche und wird von den ihn umringenden Goldachern »we-
nigstens« zum geheimnisvollen Prinzen oder Grafensohn
(5) gemacht.

Keller knüpft eine Kette von Zufällen, um ein Verwirrspiel

Zufälle

zu inszenieren, in dem Wenzel Strapinski zunächst nur der Joker ist, betroffen zwar, aber anscheinend nur geringfügig schuldig. Warum sollte jemand nicht seinem Bedürfnis nach gepflegtem Äußeren nachgeben, wenn er nichts »Schlimmes oder Betrügerisches« im Schilde führt, sondern »zufrieden« ist, »wenn man ihn nur gewähren und im Stillen seine Arbeit verrichten« lässt? (3). Strapinski ist eher Spielball von Zufällen, die ihn in die Kutsche, ins Gasthaus und in die Rolle des polnischen Grafen Strapinski befördern. Diese Zufälle verwandeln die Wirklichkeit in eine Welt ungeahnter Möglichkeiten und den »geborenen Schlesier, Wenzel Strapinski« (12) in den polnischen Grafen Strapinski. Um die Aufrechterhaltung geringfügiger persönlicher Schuld geht es denn auch in den Geschehensabläufen vor und in dem Gasthaus zur Waage. Wenzel Strapinski wird »Mangel an Geistesgegenwart oder an Mut« (5), »peinlichste Angst«, »Verwirrung« (7), Sanftheit und Widerspruchslosigkeit (8) bescheinigt, um ihn im Zustand der Unschuld (»sanft wie ein Lämmlein«, 8) zu belassen. Er ist nicht der Handelnde, sondern an ihm wird gehandelt, wie es die Erzählstruktur der Novelle nach Johannes Klein verlangt.[4]

Er ist nicht Täter, sondern Opfer, umsorgt und belauert vom Waagwirt und seiner Köchin, von den Mägden, dem Kellner und dem Hausknecht. Fragen werden an den polnischen Grafen gerichtet, aber Strapinskis Antworten werden weder abgewartet noch gegeben. »Ein solcher Herr muss kommen! Und der Kutscher hat ein Wappen auf den Knöpfen und der Wagen ist wie der eines Herzogs! Und der junge Mann mag kaum den Mund öffnen vor Vornehmheit!« (5). Was man mit eigenen Augen sieht, ist Wirklichkeit, an die man getrost glauben kann.

Goldachs Bürger arbeiten für »die Ehre« (7). Sie lösen ein, was sie ihrem Ruf zu schulden glauben. Aber der Verlust des rechten Maßes wird deutlich hervorgehoben, wenn die Köchin anmerkt: »Aber Herr! Sie können ja dem einzigen Gast das nicht alles aufrechnen, das schlägt's beim besten Willen nicht heraus!«(7). Auch hier offenbart sich das Maßlose als Ergebnis eines fragwürdigen gesellschaftlichen Wandels.

In dieser Umgebung kann Wenzel Strapinski nicht im Stande der Unschuld verbleiben, es ist deshalb erzählerisch konsequent, ihn Schritt um Schritt als Mitwirkenden in das Spiel einzuführen. Sein erster Versuch, sich aus dem Gasthaus davonzustehlen, misslingt. Sein Verhalten wird vom Kellner beobachtet und als Suche nach der »gewissen Bequemlichkeit« umgedeutet. Strapinski lässt sich folgsam leiten und »verwickelt sich jetzt in die erste selbsttätige Lüge« (8).

Wenn Keller an dieser Stelle ausdrücklich vom »Mantelträger« (8) spricht, so erfolgt deutlich der Hinweis auf die Ursache des ablaufenden Spiels. Der Mantel, zweifellos ein Zeichen für den Stand und zum Dingsymbol stilisiert, steht Strapinski nicht zu. Die Folgen solcher Unangemessenheit muss er fortan tragen, denn mit der ersten Lüge hat Strapinski die Rolle angenommen, die er von jetzt an zunächst zwar zaghaft, dann aber mit wachsender Sicherheit ausfüllen wird. Konsequent und in der sprachlichen Fügung eindeutig, lässt Keller den »Schneider wieder aus dem langen Gange« hervorwandeln, »melancholisch wie der umgehende Ahnherr eines Stammschlosses« (8). Gesuchtes Verhalten und adlige Insignien werden miteinander verschränkt.

Das Rollenspiel hat begonnen, die Mitspieler stehen bereit und machen es dem Spieler leicht. Sein Verhalten während des Essens, sei es »schüchtern und zimperlich« (9) oder eine »hastig belebte Einfuhr« (10) wird als Beweis von Vornehmheit, edler Herkunft und Erziehung genommen. Statt weiterer Versuche, sich aus der Verwicklung zu lösen, verfängt sich der Schneider durch beharrliches Schweigen, geschicktes Verhalten und gezielte Nachahmung immer mehr in ihr: »[...] der arme, aber zierliche Mann griff nicht ungeschickt in das [Gläser-]Wäldchen hinein und goss, als er sah, dass der Wirt etwas Rotwein in seinen Champagner tat, einige Tropfen Tokaier in den seinigen« (12). In dieser Situation treffen die Goldacher Abendherren auf Strapinski.

Keller porträtiert in ihnen die ihm als Staatsschreiber in Zürich bekannten Vertreter des Großbürgertums. Es sind angesehene Bürger, »umsichtige Geschäftsmänner, mehr schlau als vernagelt« (22), die durch ehrliche Geschäfte und geschicktes Geschäftsgebaren zu Wohlstand gekommen sind, der sie aber keineswegs zu Müßiggang und Verschwendung verleitet. Sie folgen pedantisch einem festgelegten Tagesrhythmus, zu dem der Kaffee ebenso wie »das tägliche Spielchen um denselben« (12) gehören. Ironisch verweist Keller auf die Weltläufigkeit dieser Herren, die sich nicht aus eigener Anschauung und Erfahrung herleitet, sondern aus den Berichten ihrer »Verwandten und Genossen in aller Welt« (13). Geschäftserfahrung schließt Welterfahrung und Menschenkenntnis keineswegs ein. Ein überraschend aufgetauchter, vornehmer Gast bedeutet Abwechslung, ein Durchbrechen des stetigen Einerlei und vor allem die Möglichkeit, sich selber zu produzieren, sich dar- und auszustellen. Wenn Keller in einer sich steigernden sprachlich ironisch-sarkastischen Tirade die Waren aufzählt, die man dem Grafen Strapinski zur Verfügung gestellt hat (22), so verweist er damit auf die Lächerlichkeit, die jeder Übertreibung anhaftet.

Nicht ohne anfängliches Misstrauen umrunden die Goldacher in weitem Bogen den polnischen Grafen, prüfen flüchtig die Glaubwürdigkeit dessen, was sie mit eigenen Augen sehen und laden sich schließlich geschickt »aus dem Stegreif zu dem Gelage« ein. Sie wetteifern miteinander im Hinweis auf die Qualität ihrer Rauchwaren, die sie dem »Herren Grafen« (13) anbieten. Der Gast soll riechen, wo er eigentlich ist, Lebensqualität wird in Rauch aufgelöst, der Volksmund spricht von »blauem Dunst« und meint damit, jemandem etwas vorzugaukeln. Bei Strapinski kommen »feine Duftwolken« an, »die Sonne bricht hervor«, »der Himmel entwölkt sich« (14). Die Rolle wird schweigend akzeptiert, indem Strapinski wie zuvor beim Waagwirt wieder einmal *nichts* sagt (vgl. 12 und 14). Anders jedoch als in der Beurteilung durch das Dienstpersonal im Gasthaus zur Waage wird Strapinski im Folgenden kritischeren Blicken und Beurteilungen der großbürgerlichen Gesellschaft ausgesetzt sein und »Zufall« und »Fügung« müssen für die Fortsetzung des Spiels um den schönen Schein bemüht werden.

Strapinskis Besteigen des Jagdwagens zusammen mit dem jungen Pütschli wird zunächst motiviert als bessere Gelegenheit, sich aus dem Staub zu machen; aber gleichzeitig liegt ihm daran, die ihm aufgedrängte Rolle weiterzuspielen.

Fügungen und Täuschungen

Einem Gutsherrn zufällig geleistete Dienste, seine zufällig bei den Husaren abgeleistete Militärzeit haben ihn in den Stand gesetzt, vorzüglich mit Pferden umzugehen und die Kutschpferde »schulgerecht« zu meistern. Wenzel ergreift »sofort Zügel und Peitsche«, symbolische Zeichen der

Herrschaftsübernahme. Im Haus des Amtsrats besteht sogleich an der Echtheit des polnischen Grafen keinerlei Zweifel mehr, und beim Kartenspiel fordert er den Vergleich mit einem »kränkelnden Fürsten« heraus, »vor welchem die Hofleute ein angenehmes Schauspiel aufführen und den Lauf der Welt darstellen« (15 f.). Sich an Erfahrungen und Redensarten von Offizieren und Gutsherren erinnernd, sie sparsam und bescheiden »und stets mit einem schwermütigen Lächeln« einsetzend, arbeitet er bewusst an der Aufrechterhaltung des Scheins. Nur der Buchhalter Melcher Böhni, »ein geborener Zweifler« (16), durchschaut den wahren Sachverhalt, lässt jedoch, auf einen Skandal hinarbeitend, den Dingen nicht nur ihren Lauf, sondern arbeitet an der Vertuschung der Wahrheit mit.

Das Glück am Spieltisch steht auf der Seite Strapinskis. Ein »artiges Reisegeld« (18) in der Tasche, spielt er mit dem Gedanken einer »geräuschlosen Beurlaubung« (17). Dass es ihm jedoch damit nicht ernst ist, macht Keller durch die Art seiner Darstellung wiederum deutlich. Die Ausschmückung der kleinen Szene unterstreicht den bestehenden Eindruck der Adligkeit: »Also schlug er seinen Radmantel malerisch um, drückte die Pelzmütze tiefer in die Augen und schritt unter einer Reihe von hohen Akazien in der Abendsonne langsam auf und nieder, das schöne Gelände betrachtend oder vielmehr den Weg erspähend, den er einschlagen wollte. Er nahm sich mit seiner bewölkten Stirne, seinem lieblichen, aber schwermütigen Mundbärtchen, seinen glänzenden schwarzen Locken, seinen dunklen Augen, im Wehen seines faltigen Mantels vortrefflich aus; der Abendschein und das Säuseln der Bäume über ihm erhöhte den Eindruck« (18). Der ausgesprochen gewählte Wortschatz, unterstützt durch romantische Naturschilderungen, bereitet den Leser darauf vor, dass es mit der »Beurlaubung« nichts werden wird. Zu weit ist die Identifikation des Schneiders mit dem Grafen bereits vorangeschritten. Die unmittelbar darauf stattfindende Begegnung mit Nettchen, der schönen Amtsratstochter, ist nicht Ursache für das Verharren in der Rolle, sondern die Folge der Unmöglichkeit, sie abzulegen.

Nettchen fesselt Strapinski von vornherein. Er begegnet ihr mit ehrfurchtsvollen Verbeugungen, schüchtern und demütig und in übergroßer Ehrerbietung, und ihre Nähe, so betont Keller, führt ihn in kurzer Zeit zur aktiven Übernahme der Rolle. »Er begann nun unwillkürlich etwas gesuchter zu sprechen und mischte allerhand polnische Brocken in die Rede« (19). Der Erzähler betont hier noch einmal ausdrücklich, dass Strapinski bis zu diesem Augenblick »nichts getan hatte, um im Geringsten in die Rolle einzugehen« (19), doch spiegelt sich die bewusste Anpassung an die Grafenrolle im Darstellungsstil. So klar dem Schneider die Unmöglichkeit vor Augen steht, das Glück an der Seite Nettchens festzuhalten, so zwingend gibt er sich dem Genuss dessen hin, was ist: »Ach, einmal wirst du doch in deinem Leben etwas vorgestellt und neben einem solchen höhern Wesen gesessen haben« (19).

> Die Sehnsucht, etwas vorzustellen, entspringt seinem Wesen und seiner Sozialisation, wie die Darstellung seiner Kindheit und Jugend in der späteren Aussprache mit Nettchen belegt. Einstweilen ist Strapinski bestrebt, das Glück festzuhalten und in Goldach zu bleiben.

Fortan bemüht Strapinski das Schicksal, um seine Rolle weiterzuspielen. Die Geschehnisse werden von außen mit äußerst geringem persönlichem Einsatz gelenkt. Strapinski muss nicht agieren, er darf reagieren. So ermöglicht das

Die Bedeutung des »Schicksals«

von den Goldachern herbeigeschaffte Warenlager dem polnischen Grafen mühelos die Fortsetzung des Spiels, wenig später unterstützt durch Lotteriegewinne. Während seines Stadtrundgangs am Morgen durch Goldach deutet er perfekt das Sein in den Schein um. Goldach erscheint ihm als »eine Art moralisches Utopien« (25), das Gasthaus zur Waage als Ort der ausgleichenden Gerechtigkeit für ungleiche Schicksale. Meisterhaft beschreibt Keller die Stadt: Umgeben von einer mit immergrünem Efeu überwachsenen Ringmauer, bildet sie eine Insel, welche die über sie hinweggegangenen Jahrhunderte sorgsam in ihren Sinnbildern spiegelt. Mit der ausführlichen Einbeziehung der Emblematik in die Beschreibung der Stadt und der Ausdeutung durch Strapinski greift Keller auf die emblematische Tradition zurück, der die Überzeugung zugrunde liegt, das Weltgeschehen stecke voller aufdeckbarer heimlicher Verweise, verborgener Bedeutungen und versteckter Sinnbezüge, und die Vorstellung vom Verweischarakter alles Sichtbaren auf einen höheren, inneren und prinzipiellen Sinn der Weltordnung. Die Verwendung der einzelnen Bildzeichen ist allerdings ironisch. Bedeutung und Wirklichkeit klaffen in Wahrheit weit auseinander. Was vom Schneider als eine höhere, ausgleichende Gerechtigkeit ausgelegt wird, ist nur noch emblematischer Schein. Im Wirklichkeit spielt sich hinter der Fassade das Gegenteil von dem ab, was das Bild aussagt.

Die Kreativität Kellers als Vertreter des poetischen Realismus aber zeigt sich im besonderen Maß im Erfinden von Symbolen: Die *Kreuzstraße* führt sinnbildhaft die Möglichkeiten vor, die für Strapinski aus der Entscheidung für Gehen oder Bleiben erwachsen. »Glück, Genuss und Verschuldung, ein geheimnisvolles Schicksal winkten dort; von der

| Symbolsprache Kellers |

Feldseite her aber [...] Arbeit, Entbehrung, Armut, Dunkelheit« (26).

Wenn in diesem Augenblick das »Fräulein von gestern [...] mit wehendem blauen Schleier [...] in einem schmucken leichten Fuhrwerke« heranrollt, so wird der Schleier zum sichtbaren Zeichen der Verschleierung der bestehenden Realität, und die »unwillkürlich ganze Wendung« Strapinskis macht die bewusste Übernahme der Grafenrolle dem Leser spontan deutlich (26). Auf dem »besten Pferde der Stadt an der Spitze einer ganzen Reitergesellschaft« (26) sieht man ihn noch am selben Tag durch die Allee um die grüne Ringmauer galoppieren. Hier gewinnt konkret Gestalt, was bei der ersten Begegnung mit Nettchen mit dem Einblick in das Innere Strapinskis anklang: »[...] das Schneiderblütchen fing [...] an, seine Sprünge zu machen und seinen Reiter davonzutragen« (19).

Ebenso verhält es sich bei dem Vergleich Strapinskis mit einem »Regenbogen« (26). Er ist eine unwirkliche, rasch vorübergehende Naturerscheinung, die nur dann entsteht, wenn die äußeren Bedingungen dafür gegeben sind. Sein Farbspektrum ist bereits im Regentropfen enthalten. Wenzels Verwandlung zum Grafen ist in gleicher Weise nur durch ein schillerndes Erscheinungbild möglich, der äußere Schein überdeckt das wirkliche Sein. Bereits bei der Ankunft der Kutsche in Goldach hatte Keller die Umstehenden neugierig darauf sein lassen, »welch ein Kern sich aus so unerhörter Schale enthülsen werde« (5). Strapinski ist bestrebt, dem Bild, das sich die anderen von ihm gemacht haben, zwar gerecht zu werden, gleichzeitig aber formt er es »nach seinem eigenen Geschmacke« (27). Keller macht Strapinski zum geheimnisumwitterten Romanhelden, geschaffen »zur vergnüglichen Unterhaltung der einen, welche gern etwas Neues sehen wollten, und zur Bewunderung der anderen, besonders der Frauen, welche nach erbaulicher Anregung dürsteten« (27). Dass solche Aussagen auch Anspielungen auf das triviale Leseverhalten des zeitgenössischen Publikums enthalten, dürfte kaum verwundern. Auf den Höhepunkt geraten solche Anspielungen mit der Reaktion Nettchens, als sie während eines Balls von der Ankündigung Strapinskis erfährt, die Stadt verlassen zu müssen. Als Nettchen auch von den Goldachern als Braut angesehen wird, beginnt Strapinski darüber nachzudenken, wie er ihr die unweigerlich negativen Folgen der Entwicklung ersparen könnte. Die Fragen, die Strapinski sich in diesem Zusammenhang stellt, machen deutlich, dass er weder Nettchen noch sich selbst »beschämen«, aber auch »das Schicksal, das ihn gewaltsam so erhöht hatte«, »nicht so frevelhaft Lügen strafen« will (28). Indem die Selbsttäuschung aufrechterhalten wird, alles nehme schicksalhaft seinen Lauf, bereitet Keller den Höhepunkt des ersten Novellenteils vor: die von ironischen Untertönen strotzende Beschreibung der Liebesszene: »[…] und da er jetzt mit klopfendem Herzen ihr im Wege stand und bittend die Hände nach ihr ausstreckte, fiel sie ihm ohne weiteres um den Hals und fing jämmerlich an zu weinen. Er bedeckte ihre glühenden Wangen mit seinen fein duftenden dunklen Locken und sein Mantel umschlug die schlanke, stolze, schneeweiße Gestalt des Mädchens wie mit schwarzen Adlerflügeln; es war ein wahrhaft schönes Bild, das seine Berechtigung ganz in sich selbst zu tragen schien« (29f.).

Die Hingabe an die Schönheit hat ihr Recht in sich selbst. Moralische und vernünftige Überlegungen verlieren im Angesicht von Schönheit ihre Berechtigung. Der Schönheit zu leben bedarf keiner Begründung. Sie entspringt aus Kreativität, die mit der Unterwerfung unter Vorschriften und Regeln vergeht. Aus diesem Grunde entzieht sie sich bürgerlich moralischen Bewertungen. Die Frage nach Konsequenzen darf sich nicht stellen, nur der Augenblick zählt. Hingabe an das ästhetisch Schöne bedeutet letztendlich Glück, dem sich auch Strapinski nicht entzieht. Er »verlor in diesem Abenteuer seinen Verstand und gewann das Glück«, heißt es in der Novelle (30).

Mit der Verlobung der beiden ist der Wendepunkt des novellistischen Geschehens erreicht. Der früh in die Novelle eingeführte, für den Leser unauffällige, aber stets präsente Gegenspieler Melcher Böhni wird aktiv. Böhni, die »kleine Bohne« siegt über Melchior, den zweiten König bei der Anbetung des Kindes im Stall von Bethlehem. Er bereitet aktiv die Demaskierung des falschen Grafen in Seldwyla vor, indem er das Zusammentreffen der Goldacher Verlobungsgesellschaft mit dem Seldwyler Maskenzug im Gasthof zwischen den beiden ungleichen Städten arrangiert.

In der Schilderung beider Schlittenzüge zeigt sich Kellers meisterliche Erzählkunst und bestätigt ihn als repräsentativen Vertreter des poetischen Realismus. Seine Symbolkunst verleiht den gewählten Zeichen wie selbstverständlich die nahe gelegte Aussage über den Kern, das wahre Sein.

Zunächst stellt Keller den Schlittenzug der ernsthaft gemeinten Maskerade der Goldacher Bürgerschaft dar. In der dem Leser aus dem Stadtrundgang Strapinskis bekannten Weise versieht er nun die Schlitten mit Galionsfiguren,

Die Schlittenzug-Symbolik

deren ins Auge fallende Bedeutung im Erzählkommentar oder durch die Handlungsführung in Zweifel gezogen werden. So fahren Nettchen und Strapinski in der »Fortuna«, der Göttin des Glücks. Die »frisch vergoldete Sparsamkeit«

(32) verkehrt die Aussage in ihr Gegenteil und wenn »die Verbesserlichkeit« durch frischen Lack die Erwartung der Betrachter erfüllt, so wird deutlich, dass der vordergründige Wortsinn den tieferen moralischen Gehalt der Wortbedeutung verdrängt hat, es also nur noch auf den Schein ankommt. Böhnis »Teich Bethesda« (32), der biblische Ort, an dem »ein jüdisches Männchen« »dreißig Jahre auf sein Heil gewartet hat«, wird zum Zeichen der Vergeblichkeit bei der Werbung um Nettchen.

Von anderer Art ist der Schlittenzug der Seldwyler. Seine Funktion, den polnischen Grafen als Seldwyler Schneider zu entlarven, dem falschen Schein das wahre Sein gegenüberzustellen, erfüllt sich in allen verwendeten Zeichen: im Gebrauch »bäuerlicher Lastschlitten«, in der groben Künstlichkeit der Galionsfiguren (Fortuna, eine in den Äther hinausfliegende Strohpuppe voll schimmernden Flittergoldes, 33) und in den dem Schneiderhandwerk zugeordneten Insignien, wie Ziegenbock, Schere oder Bügeleisen. Zwischen der Inschrift des ersten Schlittens »Kleider machen Leute« und ihrer Umkehrung am letzten Schlitten »Leute machen Kleider« entfalten sich eine bunte Gesellschaft von Schneidersleuten aller Zeitalter durch ihre Handwerkskunst inszenierte trügerische Erscheinungen, die der Gesellschaft mit ihrem Glanz täuschenden Schein verleihen. Sein ist in Schein verkehrt. In dem vor der Goldacher Gesellschaft im Gasthaus aufgeführten Demaskierungsspiel setzt Keller bekannte Redensarten, Sprichwörter und Tierfabeln ein, die den Triumph des Scheins über das Sein unterstreichen. Der Wolf im Schafspelz, der Esel in der Löwenhaut und die Krähe mit der Pfauenfeder sind Fabelgestalten, die mit ihren Verkleidungen zwar zum Erfolg kommen, aber letzten Endes ihr wahres Sein nicht verleugnen können (35).

Die Entlarvung (39) erzeugt in Strapinski nicht das Gefühl eigener Verantwortlichkeit für die Vorgänge, vielmehr sieht er sich als Opfer der Verhältnisse. Seine Gewissenserforschung hat nicht das Ziel der Schuldanerkenntnis, sondern das eines Abwägens, bei dem für

> *Strapinskis und Nettchens Reaktion auf die Entlarvung*

ihn Unglück und Erniedrigung weniger wiegen als das Gefühl, als Liebender (40) verstoßen zu sein. Die Sterne glänzen kalt in der endlich erreichten Winternacht. Von der Kälte überwältigt und von einem »eiskalten Hauch« angeweht, den Tod erwartend, streckt er sich im Schnee aus (40).

Nettchen aber rechnet anders. Sie löst sich aus ihrer Erstarrung. Durch einen tüchtigen Schneuz in ihr Taschentuch (41) schließt sie stolz und zornig das Kapitel ab. Die von Keller gewählten Worte und Bilder verdeutlichen Entschlossenheit ebenso wie Führungswillen. Sie geht »festen Schritts«, ergreift »das Leitseil und die Peitsche«, sie treibt die Pferde an, sie fährt leicht beschwingt, in »starken Sätzen« und »anhaltendem munterm Galopp« (41) und führt im Schlitten der Fortuna Pelzmütze und Handschuhe, die gräflichen Insignien, mit sich. Die Schalkhaftigkeit des Erzählers, der sich als bloßen Berichterstatter ausgibt, ist nicht zu übersehen, hatte er doch ansonsten stets auch Innensicht in seine Personen.

Keller entlässt seinen Leser mehr und mehr in eigene Vorstellungen über das Was und Wie und Warum der Erzählhandlung. Seine Sprache macht jedoch hellsichtig für das, was mit und in den Personen geschieht. Strapinski, »der glücklich Unglückliche erholte [sich], erwachte und richtete langsam seine Gestalt in die Höhe« (44).

»Wir haben uns verirrt wegen der neuen oberen Straße, die ich noch nie gefahren bin; [...] lasst uns einen Augen-

blick hineinkommen, ehe wir weiterfahren!« (45) sind Nettchens Worte gegenüber der Bäuerin, die im »Weiterfahren«
das Ende andeuten. Im Versuch, Gründe für sein eigenes
Verhalten zu finden, verharrt Strapinski in der ihm eigenen
Schwärmerei. Er spricht von »einem verhexten Traum« (46),
von der Hoffnung auf »merkwürdige oder glückliche Dinge« und Todesgedanken und formuliert als sein Credo und
Lebensprogramm: einmal im Leben groß und glücklich zu
sein, und hoch über allen zu stehen, die weder glücklich
noch unglücklich sind, statt an der Sehnsucht nach einem
würdigen Dasein lebenslang zu kranken (47).

Nettchen bekennt sich in dieser Nacht zum Schneider
Strapinski. Sie fordert aber unmissverständ-
lich »Keine Romane mehr!« (52). Die glückliche Fügung, dass ihr als Halbwaise das Erb-
teil ihrer Mutter zusteht, auch gegen alle
Umstände, die sich im »Trojanischen Krieg«
zwischen den Goldachern und Seldwylern ergeben mögen,
vereinfacht die Situation vordergründig und stellt ein gutes
Ende in Aussicht. Auch das Gasthaus zum »Regenbogen«,
in das sich das Paar in Seldwyla begibt, verweist auf die
Buntheit und den schnellen Wechsel in den Meinungen und
Ereignissen. Und so endigt »der Krieg mit einer Hochzeit«.
»Der Amtsrat gab Nettchen ihr ganzes Gut heraus und sie
sagte, Wenzel müsse nun ein großer Marchand-Tailleur und
Tuchherr werden in Seldwyla« (57). Nettchens Wünsche gehen in Erfüllung. Wenzel prosperiert wirtschaftlich durch
Bescheidenheit, Sparsamkeit und Fleiß, und vor allem durch
kluges Geschäftsgebaren und gute Spekulationen. Er ver-
doppelt sein Vermögen und zeugt jedes Jahr mit Nettchen,
der Strapinska, ein Kind.

Aus der »Gräfin« (28) ist die Strapinska (58) geworden,

Nettchens
Bekenntnis zu
Strapinski

aus dem polnischen Grafen der tüchtige, aber auch undankbare und rachsüchtige Geschäftsmann. Sein Äußeres ist nun rund und stattlich und beinah gar nicht mehr träumerisch.

Die offene Frage am Schluss der kleinen Novelle richtet sich an den Leser, der in einem weiteren Sinne die Entscheidung über Undank oder Rache in Wenzels Verhalten zu treffen hat. Dank? An wen sollte er ihn richten? Dank an Nettchen, die zu ihm gehalten hat? Sicher, denn der Verlust ihrer Liebe erschien ihm im Augenblick der Entlarvung das Unerträglichste. Aber welchen Preis hat er bezahlt? Sein romantisches Äußeres hat er eingebüßt, sein träumerisches Wesen, den Glauben an die ausgleichende Gerechtigkeit, den romantischen Glauben an die Wiederkehr einer anderen, besseren Welt. Und dies als Wiedergutmachung für Nettchen, als Zugeständnis an die geliebte Frau. Wenn sie den großen Marchand-Tailleur, den Tuchherrn fordert (»Wenzel müsse«, 57), nimmt *sie* möglicherweise an ihm Rache für erlittenes Unrecht. Ihr geht es um Vermehrung des Besitzes. Für sie bedeutet Erfolg wirtschaftliches Wachstum, äußere Prosperität, nicht innere Bereicherung.

Offene Schlussfrage

In unserer Zeit, in der der Kampf um Wirtschaftswachstum ökologisch notwendige, das Überleben sichernde Einschränkungen verhindert und sich schon unübersehbare, zum Teil verheerende Wirkungen zeigen, erscheint die Flucht in eine ästhetische, »von keiner Gier nach dem Gelde« (17) geprägte Existenz die positivere Lebensform zu sein.

Das von Keller als positiv vorgegaukelt bürgerliche Glück ist anzweifelbar, da es den Glücksritter in Ketten gelegt hat, aus denen er sich nicht mehr befreien kann.

Hans Bänziger beruft sich 1993 am Schluss seines Aufsatzes zu Kellers Novelle *Kleider machen Leute* mit dem Untertitel *Ambivalenz der Eitelkeit* auf Kellers Biografen Adolf Muschg und fordert uns auf, mit Hilfe des »berühmten«, aber »nicht mehr bekannten« Dichters den Anspruch des freiheitlich gesinnten 19. Jahrhunderts an unsere Gegenwart einzulösen.[5]

> Im Grunde tauscht der Protagonist im Finale der Novelle nur den poetischen gegen den ökonomischen Schein ein. Aus ihm, dem die Kleider zu höherem Ansehen verhalfen, ist der Hersteller des textilen Scheins geworden. Vom Schein aber lebt der erfolgreiche Tuchherr weiterhin wie einst der einige Zeit nicht minder erfolgreiche Pseudo-Graf. Der Mensch aber jenseits von Schwärmerei und Profit, von Fiktion und materiell verkürzter Wirklichkeit bleibt unkenntlich. Um sich im bürgerlichen Zeitalter zu profilieren, bedarf es ausschließlich des wirtschaftlichen Erfolgs. Ist Kellers *Kleider machen Leute* im Kern nicht doch eher eine tragische Novelle, ein Antimärchen vom modernen Menschen, der aufbrach, sein Glück zu finden und am Ende nur das Geld fand?

7. Autor und Zeit

Gottfried Keller wurde am 19. Juli 1819 in Zürich geboren. Zwei Ereignisse haben seine Kindheit und Jugend entscheidend geprägt. Fünfjährig verlor er durch Tod den Vater, einen angesehenen Drechslermeister, und vierzehnjährig verwies man ihn ungerechtfertigt von der Züricher Industrieschule. Er wurde zum Bauernopfer und Sündenbock für einen Streich, den er mit vielen anderen ausgeheckt hatte. Der Beistand eines energischen Vaters hätte vielleicht das ungerechte Schicksal von ihm abwenden können, der aber fehlte. Der Verweis traf ihn deswegen so hart, weil seine Schullaufbahn nun vorzeitig beendet war.

Kindheit und Jugend

Die Mutter als mittellose Witwe, deren zweite Ehe mit dem Altgesellen bald wieder geschieden worden war, konnte dem Sohn keine Privatschule bezahlen, sie hatte zudem die um drei Jahre jüngere Schwester Kellers zu versorgen. So blieb der Junge ohne eine normale Ausbildung. Er wurde zum Autodidakten, indem er lesend, malend und dichtend seiner Phantasie freien Lauf ließ, sich mit romantischer Literatur in Nachdichtungen auseinander setzte. Sein größter Wunsch aber war es, Landschaftsmaler zu werden.

Zwanzigjährig (1840) entschloss er sich, nach München zu gehen. Er hoffte, sich dort als Maler auszubilden und als erfolgreicher Künstler nach Hause zurückzukehren. Er wollte sich in den Stand setzen, für die Mutter und die Schwester finanziell aufzukommen.

Keller auf der Kunstakademie in München

Der Erfolg stellte sich nicht ein. Es ist viel darüber gerätselt worden, was dem Erfolg entgegenstand: ob mangelnde

Gottfried Keller
Gemälde von Karl Stauffer 1886/87. Zürich, Kunsthaus.

Begabung zum Maler oder die damalige romantische Richtung in der Landschaftsmalerei. Nicht die Natur und die vorgefundene Wirklichkeit waren Modelle der bildenden Kunst, sondern ideale Staffagen. Landschaften wurden nach idealen Vorstellungen aus oft wiederkehrenden, für ideal schön gehaltenen Einzelteilen komponiert. Die Ausstellungen seiner Bilder brachten dem jungen Keller keinen finanziellen Gewinn.

In seiner Münchener Zeit bildete Keller sich zwar durch Selbststudium weiter, er war aber genötigt, Schulden zu machen, um seine materielle Not zu lindern. Nicht selten kompensierte er seine Erfolglosigkeit wortstark und witzig als Zecher im Wirtshaus. Schließlich war er 1842 gezwungen, nach Zürich in die Gemeinschaft von Mutter und Schwester zurückzukehren, die noch größere Entbehrungen seinetwegen auf sich genommen hatten.

Kellers Aufenthalt in Deutschland fiel in die Zeit des Vormärz (1830–48), einer Zeit revolutionärer Aufbrüche und starker liberaler Bewegungen, die das Ziel hatten, bürgerliche Verfassungen in den einzelnen Staaten durchzusetzen. Seinen Ausgang genommen hatte der Geist des Liberalismus 1830 von der Julirevolution in Frankreich. In einzelnen deutschen Bundesstaaten hatten die Landesherren auf dem Hintergrund von Unruhen und Aufständen neuen Verfassungen zugestimmt, die bürgerlichen und bäuerlichen Kräften größeren Einfluss in politischen und wirtschaftlichen Fragen zubilligten. Allerdings waren solche Zugeständnisse selten von Dauer und wurden dort, wo die politische Macht des Landesherrn ausreichte, zu Ungunsten der bürgerlichen Liberalität beschnitten oder gar zurückgenommen.

> *Politische Hintergründe in Deutschland*

Solche Aktionen lösten Proteste aus, wie den Protest der sieben Göttinger Professoren, den so genannten »Göttinger Sieben« (1837), die gegen einen Verfassungsbruch des Königs von Hannover protestierten, daraufhin aber sogleich ihres Amtes enthoben wurden. Insgesamt war die Zeit zwar arm an äußeren politischen Ereignissen, sie gilt aber als eine Zeit der Vorbereitung auf die nationale, liberale und demokratische Bewegung in ganz Europa.

Die Ideen des Liberalismus

Nach Zürich zurückgekehrt, schloss Keller sich der liberalen Partei an und betätigte sich politisch. In den Kreisen der Nationalliberalen traf er auf deutsche Intellektuelle, die in die Schweiz emigriert waren, unter ihnen auch politische Dichter wie Georg Herwegh, Ferdinand Freiligrath und Hoffmann von Fallersleben, durch die er bedeutende Förderung auch in seinem politischen Denken erfuhr. Sie waren vor der Zensur ihrer kämpferischen und teilweise verbotenen Schriften aus Deutschland in die Schweiz geflohen. In dem damals berühmten Verlag des Schweizers Julius Fröbel (Fröbels Comptoire) in Zürich und Winterthur wurden ihre Schriften gedruckt und von dort verbreitet. In diesem Kreis verstärkte sich Kellers Neigung zum Dichten. Die deutschen Autoren sorgten für den Druck seiner ersten Gedichtausgabe, die bei der Kritik große Anerkennung fand. Der Erfolg der Gedichte beruhte jedoch nicht ausschließlich auf der politischen Lyrik. Keller veröffentlichte ebenso Natur- und Liebeslieder und äußerte sich zu den unterschiedlichsten menschlichen Problemen. Der Ton war ungewohnt und aufrüttelnd.

Kellers Anschluss an die liberale Bewegung in der Schweiz

Förderung durch deutsche Emigranten

Der literarische Erfolg machte es Keller leicht, seine Malerträume aufzugeben und sich von nun an zum Schreiben und Dichten zu bekennen. Seinen Auftrag sah er in der aufklärerischen politischen Erziehung seiner Mitbürger zur Humanität.

Eintritt ins literarische Schaffen

Die Schweiz war in den Jahren 1846/47 zwischen konservativen Föderalisten und liberalen Zentralisten gespalten. 1847 kam es zum Sonderbundskrieg, dem letzten aufständischen Ereignis vor dem Revolutionsjahr 1848, bei dem Keller durch Wort und Tat mitwirkte.

Seit 1830 hatte die radikal-liberale Partei für einen straff organisierten Schweizer Bundesstaat gearbeitet. Die Mehrheit der Kantone, unterstützt von England und Frankreich, hatten sich zum »Sonderbund« zusammengeschlossen. Durch den raschen militärischen Sieg der Mehrheitskantone über die konservativ-katholische Minderheit setzte sich die liberale Staatsidee durch. Die Schweiz wurde zu einem Bundesstaat mit einer bürgerlich-liberalen Verfassung. Dieses Ereignis feierte man in ganz Europa als Niederlage des alten Systems, für das der reaktionäre österreichische Staatsminister Metternich als Symbolfigur stand. Im Gefolge dieses Siegs erhoben sich auch die zum Kaiserreich Habsburg gehörigen oberitalienischen Städte gegen Österreich. Der Sonderbundskrieg war zum Fanal für die Revolutionen des Jahres 1848 geworden.

Politische Verhältnisse in der Schweiz

Keller, der an den Freischarzügen seiner Partei teilgenommen hatte und von dem man inzwischen Einflussnahme auf das liberale Denken seiner Mitbürger erhoffte, bekam ein Stipendium der Zürcher Regierung und des Erziehungsrates für einen Auslandsaufenthalt zur weiteren geistigen Ausbil-

dung und zur Förderung seines literarischen Talents. Vom
Herbst 1848 bis zum Frühjahr 1850 hielt
sich Keller in Heidelberg auf. Er studierte
dort vor allem bei dem Philosophen Lud-
wig Feuerbach, dem Anthropologen Jakob
Henle und bei dem jungen Literaturhistoriker Hermann
Hettner. Keller machte sich die epochemachende These
Feuerbachs zu Eigen, der in der Religion die Ideologie des
unsinnlichen Menschen sieht, der seine irdischen Energien
und Glücksmöglichkeiten an den Himmel verschleudere.
Die Vorstellung von der Vollkommenheit, Schönheit und
Güte Gottes sei eine Projektion der im Menschen selbst
schlummernden göttlichen Fähigkeiten. Gott sei also im
Diesseits, in der Natur und im Menschen selbst zu suchen.
Keller wurde durch Feuerbach bestärkt in seinem Grundge-
danken von der Natur als der einzigen und ewigen zuverläs-
sigen Macht, durch die der Mensch sein Schicksal meistern
kann und sich so zu einem geachteten Mitglied der Gesellschaft entwickelt. Natur umfasst für ihn nicht nur das, was
wir gemeinhin darunter verstehen, sondern sie schließt auch
Kunst und Kultur ein, Politik und Gesellschaft. Natur ist
alles Echte, Wahre, Dauernde, Notwendige. In ihr haben
das Krankhafte, Gekünstelte und Unwahre keinen Platz.
Die Aufgabe des Dichters ist es, durch seine Dichtungen
Einsichten und Erkenntnisse zu ermöglichen, was dem
Menschen und seiner Natur gemäß ist, nämlich Humanität
zu zeigen. Der Grundzug der Kellerschen Lebensphiloso-
phie ist daher das durch Natur und Vernunft geforderte Ver-
trauen in die Menschheit.[6]

Studium in Heidelberg

Als sein Stipendium abgelaufen war, ging
Keller von Heidelberg nach Berlin. Erst im
Winter 1855 kehrte er nach Zürich zurück.

Keller in Berlin

Finanziell waren die Berliner Jahre erneut äußerst entbehrungsreich, literarisch dagegen sehr fruchtbar. In Berlin entstand ein großer Teil seines Gesamtwerks, zumindest im Entwurf.

Keller hatte Zugang zu den literarischen Salons in Berlin (Varnhagen von Ense), er schloss entscheidende Freundschaften, u. a. mit Rodenberg, seinem späteren Verleger, Fanny Lewald, einer Schriftstellerin, Franz Duncker, einem Verleger und dessen Nichte Betty Tendering, um die Keller warb, die ihn aber abwies.

Bei Vieweg in Braunschweig erschienen seit 1851 Kellers *Neuere Gedichte,* denen 1854 eine vermehrte Auflage folgte, der erste Band der *Leute von Seldwyla* (1856), die erste Fassung des Romans *Der grüne Heinrich* (1854/55), mit stark autobiografischen Zügen.

Erscheinen der Neueren Gedichte und des Grünen Heinrich

Die Geldüberweisungen der Mutter und die Vorschüsse Viewegs konnten den Autor in Berlin jedoch nicht über Wasser halten. Verschuldet kehrte er nach Zürich zurück. Sein wachsender literarischer Ruhm verschaffte ihm auch dort Zugang zu Künstler- und Honoratiorenkreisen.

Es dauerte allerdings noch bis 1861, bevor ihm endlich der Einstieg in einen Brotberuf gelang. Damals wurde ihm das angesehene, hoch bezahlte Amt eines Staatsschreibers in Zürich angetragen.

Keller im Amt des Staatsschreibers

Von nun an war er zwar die finanziellen Sorgen los, aber die Zeit für eigenes literarisches Schaffen war sehr eingeschränkt.

Er vollendete oder überarbeitete bereits Begonnenes. So die *Sieben Legenden* (1872), deren erste Fassung aus den

Jahren 1857/58 stammt. *Das Fähnlein der sieben Aufrechten*, bereits 1861 erschienen, wurde in die *Zürcher Novellen* (1876/1877) aufgenommen. Nach fünfzehnjähriger Amtszeit, die Keller stets große Anerkennung brachte, entschloss er sich 1876 das Staatsamt aufzugeben und freier Schriftsteller zu sein.

Literarisches Schaffen

Keller griff für seine literarische Arbeit nahezu durchgängig auf Entwürfe, Ausarbeitungen und Ideen seiner Frühzeit zurück, die er umarbeitete und seiner gereiften Vorstellung anverwandelte.

Arbeit als freier Schriftsteller

1888 starb seine Schwester Regula, die nach dem Tod der Mutter seine Versorgung übernommen hatte. Keller sah sich wachsender Vereinsamung und mangelnder Versorgung, gepaart mit allmählichem körperlichem Verfall ausgesetzt. Der von ihm gepflegte Briefwechsel mit zeitgenössischen Literaten wie Theodor Storm und Conrad Ferdinand Meyer brach ab. Keller starb am 15. Juni 1890.

Kellers Lebensabend

Kellers Stellung innerhalb der Literaturgeschichte

Innerhalb der Literaturgeschichte gilt Keller als poetischer Realist. Die Bezeichnung »poetischer Realismus« findet sich in der deutschen Literatur schon zu Beginn des 19. Jahrhunderts (Schelling 1802), sie wurde aber von Otto Ludwig, einem Zeitgenossen Kellers, epochenbezogen näher definiert.[7] Gesamteuropäisch betrachtet, umfasst der Realismus die Zeit zwischen Restauration und Naturalismus (1830–80), aber im Vergleich zu Frankreich und

England beispielsweise wird mit dem »poetischen Realismus« in der deutschen Literatur ein Sonderweg beschritten. Realistisches Erzählen wendet sich dem Alltag zu, der Einordnung des Menschen in seine Lebensnotwendigkeiten, wie sie durch die Umwelt, die sozialen Bedingungen und die zwischenmenschlichen Beziehungen innerhalb der Gemeinschaft gegeben sind. Nicht unkritisch, doch eher einsichtig, nachsichtig und zuversichtlich werden diese Lebensbedingungen beurteilt.

Im Realismus vollzog sich eine Abkehr von allem Metaphysischen (Keller war hier durch den Philosophen Ludwig Feuerbach in Heidelberg stark beeinflusst worden) hin zum konkreten, diesseitigen Menschen. Die Wendung zur diesseitigen, sinnlich erfahrbaren Wirklichkeit soll den Menschen dazu führen, seine Vollendung und sein Glück im Streben nach Menschlichkeit und Selbstverwirklichung im Diesseits zu suchen.

Die in der Wirklichkeit vorgefundenen Stoffe werden so bearbeitet, dass sie von allem Überflüssigen und allen Zufällen, wie sie das wirkliche Leben beschreibt, gereinigt sind. Zur Darstellung gelangt das Wesentliche. Für Keller bedeutet das die Darstellung des rein und dauernd Menschlichen im Alltäglichen, im Bekannten und Einfachen. Er suchte im Empirischen (Erfahrbaren) das Essentielle (Wesentliche), in der sinnlichen Wahrnehmung den hinter ihr liegenden Sinn. Das Bestehende ist dann Ideal, wenn es sein eigenes Wesen ausreichend und gelungen ausdrückt. Die Wirklichkeit enthält die Grundphänomene, die die Dichtung im Konkret-Sinnlichen erfahrbar macht. Keller hat von der »Reichsunmittelbarkeit der Poesie« als dem Recht gesprochen, »auch im Zeitalter des Fracks und der Eisenbahnen, an das Parabelhafte, das

Fabelmäßige ohne weiteres anzuknüpfen«[8]. Anwendung finden seine Anschauungen im symbolischen Erzählen. Seine Novellen sind dafür beredte Beispiele. Sinnlich Gegebenes, konkret Fassbares wird zum bildkräftigen Zeichen, einmal als Ausdruck der Orientierung am Immanenten, zum andern aber vor allem als Verweis auf einen tiefer liegenden, abstrakteren Bereich, der über den Schein hinaus das Sein und Wesen der Dinge veranschaulicht und verdeutlicht.

Die Verwendung von Symbolen an hervorgehobenen Stellen oder durch leitmotivische Wiederverwendung machen das Erzählen und das Erzählte bedeutsam. Symbolsprache verdichtet die bildhafte Aussage zur Bedeutung und weist weit über den tatsächlichen Vorgang hinaus. Dies gilt sowohl für die Erkenntnis des Vorbildlichen als auch für die Erkenntnis eher abschreckender Beispiele. An Strapinskis »Mantel«, das »Gasthaus zur Waage«, an Nettchens »blauen Schleier« oder den »blauen Dunst« der Abendherren sei an dieser Stelle noch einmal erinnert.

Werktabelle und Werkbeschreibung

1846 *Gedichte.*
1851 *Neuere Gedichte.*
Den frühen Versen Kellers hat einer seiner Herausgeber (A. A. L. Follen) den Titel *Lieder eines Autodidakten* gegeben. Trotz aller Anlehnung an bekannte Formen und trotz der Verwendung der damals üblichen poetischen Sprache sind sie nicht eklektizistisch, sondern stimmen einen ganz eigenen, volkstümlichen Ton an. Bei aller Handwerklichkeit und Volkstümlichkeit ist Kellers Verskunst von leiden-

schaftlicher Erlebniskraft, die jenseits aller Form, aller Bilder, aller Wortkunst rein aus sich selbst lebt und wirkt. Kunstformen der Romantik werden oftmals ins Komische, Triviale oder Alltägliche gezogen. So wird zum Beispiel der *Kleine Romanzero* zu einer authentischen Literatursatire. Keller benutzt die Form, um seine Gedanken, Überzeugungen verständlich und eingängig vorzutragen. In seinem künstlerischen Werk geht es ihm um Klarheit, Einfachheit und vor allem um Wahrheit. Künstelei und Pretiosität sind ihm fremd. Seine Gedichte sind Ausdruck eines echten und natürlichen Gefühls.

1853 *Der Apotheker von Chamounix* (1. Fassung). Beim *Apotheker von Chamounix* handelt es sich um eine Dichtung in Versform, eine Romanzendichtung. Sie bedient sich der vierhebigen Romanzenstrophe, wie sie Heinrich Heine in seinem *Romanzero* verwendet hatte. Die erste Fassung trägt den Untertitel *Der kleine Romanzero,* der jedoch zu Lebzeiten Kellers nicht veröffentlicht wurde. Kurioserweise stehen neben den Strophen Prosaparaphrasierungen von Kellers Hand. Die zweite veränderte Fassung von 1860 wurde nach Kellers Tod den Gesammelten Gedichten beigefügt.

1854/55 *Der grüne Heinrich* (1. Fassung des Romans). *Der grüne Heinrich* ist ein stark autobiografisch geprägtes Werk. Es setzt ein mit der Reise des angehenden Malers Heinrich Lee nach München, von wo er entmutigt und gescheitert nach Zürich zurückkehrt. Die Münchener Episoden werden durchbrochen von einer umfangreich gestaltete Rückblende auf die Kindheit und Jugend des Helden, in der der Erzähler aus der Er- in die Ich-Perspektive wechselt. Erzählt wird vom frühen Tod des Vaters, vom Schulverweis und der Dürftigkeit einer bedrückenden Wirklichkeit. Heinrich lernt bei Verwandten auf dem Lande Anna und Judith lieben, gegensätzliche Frauen, wechselnd zwischen blasser Vergeistigung und sinnlicher Verlockung. Heinrich neigt sich der kränklichen Anna zu, trennt sich aber nach deren Tod auch von Judith, die nach Amerika auswandert. Nach erfolgloser Zeit in München kehrt Lee nach Zürich zurück und findet seine Mutter tot vor. Geplagt von Schuldgefühlen, fehlt ihm der Wille zum Weiterleben. Der Roman endet mit dem Tod Heinrich Lees.

1856 *Die Leute von Seldwyla.* Der Novellenzyklus *Die Leute von Seldwyla* versammelt wackere und komische Gestalten in einer imaginären Schweizer Kleinstadt und betrachtet sie oft mit ironischem Blick. Den ersten Teil dominiert ein tragischer Ton, der aus der dargestellten Verkehrung humaner Erwartungen resultiert. Als Beispiel kann die Novelle *Romeo und Julia auf dem Dorfe* gelten, in der die Liebe und das Glück Vrenis und Salis an der Besitzgier und am Hass ihrer streitenden Väter zerbrechen. An die Stelle erfüllter Liebe rückt der Tod der Liebenden.

Der Skeptiker Keller entwirft in Seldwyla ein realistisches Modell menschlicher Existenzformen in der Perspektive des wirklichen oder zumindest stets möglichen Scheiterns. Die positive Wende in der den ersten Teil einleitenden Novelle *Pankraz der Schmoller* bleibt ein uneingelöstes, ironisch eingeschränktes Versprechen, die starke didaktische Tendenz sticht hervor.

1870–81 Ausarbeitung früherer Entwürfe. Seine wichtigsten literarischen Arbeiten hat Keller in seiner ersten Schaffensphase von 1850 bis zu seiner Berufung zum Staatsschreiber 1861 entworfen. Nach seinem Ausscheiden aus dem Amt griff er viele wieder auf und bearbeitete sie mit dem Ziel volkserzieherischer, didaktischer Einflussnahme.

Ein besonders augenfälliges Beispiel ist die Zweitfassung des Romans *Der grüne Heinrich*.

1872 *Sieben Legenden*. Eine Sonderstellung nehmen die 1872 erschienenen *Sieben Legenden* ein. Sie sind pointierte Kontrafakturen der 1804 erschienenen *Legenden* des protestantischen Pfarrers *Kosegarten*. Durch Verschieben der ursprünglich geistlichen Aussage entsteht ein Bekenntnis zur Sinnlichkeit. Die Überzeugung tritt hervor, dass der Mensch nicht auf Dauer gegen seine sinnliche Bestimmung handeln kann, indem er sich dem Irdischen entzieht.

Die sieben Legenden sind novellistische Miniaturen im Stil der oft schwankhaft erotischen Renaissancenovelle. In *Eugenia* zum Beispiel weigert sich die Frau, ihre Weiblichkeit zu akzeptieren. Sie möchte sich ganz dem Geistigen verschreiben. Deshalb geht sie als Mann getarnt ins Kloster und stiftet als Abt heillose Verwirrungen, die schließlich nur dadurch gelöst werden können, dass sie sich vor dem Mann enthüllt, den sie insgeheim liebt und der ihre weibliche Identität ironisch in Frage stellt. Was mit der Hinwendung zum Himmlischen begann, endet mit der Hingabe an das Irdische.

Die *Sieben Legenden* sind Niederschlag des Einflusses der Philosophie Feuerbachs auf Keller. Feuerbach verdankt Keller sein Weltbild vom Kreislauf der Kräfte, der Idee einer Welt, die vom Menschen vernünftig eingerichtet werden kann, wenn der Mensch die ihm innewohnende Humanität erkennt und nach ihr lebt (vgl. S. 62).

1874 *Die Leute von Seldwyla* (erweiterte Ausgabe in 4 Bänden). Es handelt sich um die auf vier Bände erweiterte und umstrukturierte Ausgabe von 1854. Die Novelle *Kleider machen* Leute leitet die Sammlung ein.

1877 *Zürcher Novellen.* Die Zürcher Novellen beste-
hen aus fünf Novellen und einer Rahmengeschichte, die
die ersten drei Erzählungen umspannt. Die einzelnen
Geschichten sind didaktisch angelegt. Die optimistische
Grundhaltung wird durch den Erzählverlauf und das Er-
zählziel durchgängig untermauert. Zwar durchziehen auch
dunkle Motive die einzelnen Stücke, aber das Gute behält
aus der Kraft humanen Verhaltens die Oberhand.

1879/80 *Der grüne Heinrich* (Neubearbeitung). Die
zweite Fassung setzt an die Stelle des resignierten, sich dem
Tod ausliefernden Helden Heinrich Lee einen Mann, der
sich zum tüchtigen Bürger entwickelt. Mit großem sozialem
Verantwortungsbewusstsein stellt er sich in den Dienst an
der Gesellschaft und am Nächsten. Aus München zurückgekehrt, findet er die Mutter zwar dem Sterben nahe, kann
aber seine Schuldgefühle gegen sie abtragen durch die Übernahme eines Amts und das Einlösen der Sohnespflichten.
Mit der aus Amerika zurückgekehrten Judith verbindet ihn
weiterhin eine tiefe Freundschaft.

Diese Fassung findet einen versöhnlichen, wenn auch
durch Entsagung melancholischen Ausgang.

1881 *Das Sinngedicht.* Der Erzählzyklus *Das Sinngedicht* erschien in der *Deutschen Rundschau,* einer vom Bil-
dungsbürgertum der Zeit viel gelesenen Zeitschrift. Keller
verarbeitet dort, wie im *Grünen Heinrich,* autobiografische
Erfahrungen. Die Erzählungen kreisen um die Begegnung
der Geschlechter. Die Paare nähern sich einander an, indem
sie einander zuhören, Gesagtes in Frage stellen, Vorbehalte
äußern und gegenseitig ernst nehmen. Keller widmet sich
hier sehr früh dem Gedanken der Emanzipation, der geistigen Gleichwertigkeit der Geschlechter, ohne real existieren-
de Unzulänglichkeiten zu verschweigen.

1883 *Gesammelte Gedichte.* Sie enthalten die zweite veränderte Fassung des Apothekers von Chamounix, die 1860 fertig vorlag.

1886 *Martin Salander.* In seinem letzten Werk *Martin Salander* nimmt Keller sich der durch den erstarkenden Kapitalismus ins Inhumane umschlagenden gesellschaftlichen Veränderungen an. Er spiegelt sie in den profit- und karrieresüchtigen Schwiegersöhnen des integren Kaufmanns Martin Salander. Die düstere Aussage des Werks betont, dass keine noch so humane Erziehung sich gegen die Unmoral modernen Wirtschaftslebens, die Ausrichtung auf materiellen Gewinn und auf radikales Profitstreben durchzusetzen vermag.

8. Rezeption

Kellers Erzählung *Kleider machen Leute* ist von jeher ein beliebter Text für die Lektüre in der Schule gewesen. Die Novelle hat im Laufe der Zeit eine Reihe von Ausdeutungen erfahren, wobei zu verschiedenen Zeiten unterschiedliche Aspekte hervorgehoben wurden und sich neue Zugehensweisen ergaben. Es darf nicht verwundern, wenn die Auseinandersetzung mit einem Text unterschiedliche Lesarten zutage fördert. Sie beruhen auf Erfahrungen des Interpreten, die er nicht selten seiner Zeitgenossenschaft verdankt.

Jede Generation liest ihre Texte neu, und der Wert und die Aktualität eines Textes lassen sich vor allem | Lesarten | daran messen, inwieweit er Antworten auf Fragen bereithält, die so vielleicht vorher noch nicht gestellt worden sind. Interpretieren heißt, eine schlüssige Lesart zu entwickeln, die mit dem Text vereinbare Antworten auch auf neu gestellte Fragen gibt.

Eine frühe, für Generationen von Lehrern und Schülern maßgebliche Lesart hat Benno von Wiese[9] entwickelt. Er hebt am Schluss zusammenfassend hervor, dass »bei Keller im Zeitalter einer durch den Realismus schon überwundenen Romantik das reale Dasein des Bürgers über das bedenklich Schweifende, Träumerische und Irreale des Künstlers« triumphiere, dass diese »neu entdeckte Welt des alltäglichen bürgerlichen Daseins zugleich die Bereiche von wahrer Liebe und Menschlichkeit« umschließe, »die, jenseits alles sozialen Scheins, eine dauernde und bleibende Geltung besitzen« (S. 249).

Die fünfziger Jahre waren nach dem Debakel des Zweiten Weltkriegs Jahre des Wiederaufbaus und des deutschen

Wirtschaftswunders, die Konrad Adenauer- und Ludwig Erhard-Ära, in der durch nie gekannten Unternehmergeist und Bürgerfleiß in ungeheurer Geschwindigkeit und Intensität aus den Kriegsruinen ein in jeder Hinsicht neues Deutschland erwuchs. Kein Wunder also, wenn das, was zu wirtschaftlichem Erfolg führt, und sei es auch auf einem aus heutiger Sicht bedenklichen Wege, herausgehoben und gelobt wird.

Benno von Wiese verkennt nicht, dass Wenzel Strapinski ein »Hochstapler« ist, aber einer »wider Willen und bei alledem Künstler, zum mindesten ein Lebenskünstler« (S. 244). Nicht er ist der eigentlich Schuldige an dem falschen Spiel, sondern es sind die Bürger von Goldach, die »hereinfallen wollen« (S. 243). Wie eine plausible Erklärung wird sein »angeborenes Bedürfnis, etwas Zierliches und Außergewöhnliches darzustellen« angeführt, und weil der für einen wandernden Schneider ungewöhnliche Aufzug von ihm mit Hunger – so schwarz wie das Sammetfutter seines Radmantels – bezahlt wird, ist er gerechtfertigt. Es geht nicht um »die Rechnung: Schneider oder Graf?«, sondern um den hinter beiden stehenden Menschen und der ist im Kern gut. Der schöne Schein wird um seiner selbst willen genossen, »unabhängig von Zweck und Nutzen, nur aus einer ästhetischen Grundhaltung, die ihn zum Künstler stempelt« (S. 243). Wiese konstruiert hier einen **Dualismus zwischen Künstler und Bürger** und unterstellt, dass Kunst und Leben unvereinbare Gegensätze sind. »Ist nicht der hochstapelnde Künstler bereits der Künstler mit dem schlechten Gewissen, dessen Existenzform eben doch nur ein unerlaubter ›Schein‹ ist?« Diese Frage stellt sich Benno von Wiese und beantwortet sie mit Keller, dass »der Schneider-Künstler zum armen Narren, ja zum Betrüger« wird

(S. 245), »den die Torheit der Welt in einem unbedachten und wehrlosen Augenblicke überfallen« und zu ihrem »Spielgesellen« macht (39).

Dem wandernden Schneider aber, der in die ihm aufgedrängte Rolle willig hineinwächst, nicht zuletzt, weil er der schönen Amtsratstochter Nettchen begegnet und ihre Zuneigung gewinnt, bleibt Entlarvung, Schande und Zusammenbruch des schönen Scheins nicht erspart. Doch rettet ihn die Liebe der zum Glück vermögenden Frau. Nicht das Hochstapelnde der Phantasie und des schönen Scheins behält das letzte Wort, sondern das Ordentliche und Tüchtige eines soliden, wirtschaftlich gehobenen Bürgertums. Das Glück liegt im **Kinderreichtum und im Wohlstand,** der aus der eigenen Tüchtigkeit erwächst. Indem Strapinski dem Schein entsagt, taucht er ein in das Glück des Seins, zwar unromantisch und unkünstlerisch, aber gesichert und unabhängig. Liebe und Menschlichkeit besitzen jenseits allen sozialen Scheins dauernde und bleibende Geltung.

1976 hat Gert Sautermeister[10] eine Interpretation zu *Kleider machen Leute* vorgelegt, die zeittypische gesellschaftskritische Sichtweisen neben anderen Aspekten besonders hervorhebt. Spürbar in der Argumentation ist die Zeit der Studentenbewegung nach 1968.

Nicht der Vorrang individueller bürgerlicher Tüchtigkeit, sondern **sozialpsychologische** und **soziokulturelle Dimensionen** bestimmen die Lesart. Sautermeister kritisiert deshalb folgerichtig an Benno von Wiese, dass er »die spezifische Verfassung der dargestellten Gesellschaft, für welche der Schein so typisch ist, nicht einmal schattenhaft wahrnimmt« (S. 181). In den Mittelpunkt seiner Analyse stellt er die »Lebensbeichte« Wenzel Strapinskis, die Aussprache auf dem Bauernhof, zu der dieser nach seiner Entlarvung von

Nettchen gedrängt wird. Hier wird deutlich, daß die Neigung zu gesuchter Kleidung und schönem Äußeren seiner **Sozialisation durch die Mutter** entspringt, die als Gesellschafterin einer Gutsherrin »eine feinere Art bekommen als die anderen Weiber unseres Dorfes« (48) und an ihr geliebtes Kind weitergegeben hat. Lieber Hunger leiden als den »Mantel« ablegen, ist deshalb zum Habitus Strapinskis geworden. Die bereitwillige Annahme der Grafenrolle in Goldach wird seiner frühen Erfahrung mit der Tochter der Gutsherrin zugeschrieben, die sich von ihm »in Ungnaden« (51) abgewandt hatte, als Wenzel entgegen ihrem Wunsch bei seiner Mutter geblieben war. Sautermeister deutet dies als »Entzug ihrer Liebe« (S. 191), die einen solch prägenden Eindruck auf Strapinski macht, dass er unfähig wird, sich von Nettchen, deren Liebe er als Graf gewonnen hat, zu lösen. Alle Fluchtversuche sind deshalb a priori zum Scheitern verurteilt. Der **Mensch ist ein Produkt seiner gesellschaftlichen Erfahrungen**. Die Gesellschaft wird schuldig. Nach seiner Entlarvung, die seine Hoffnung auf Nettchen zunichte macht, fällt er in todesähnliche Erstarrung. »Durch die gesellschaftlichen Bedingungen seiner Kindheit und Jugend [ist er] in eine Situation hineingeraten, für die ihn nun die Gesellschaft allein haftbar macht und mit Verachtung straft« (S. 192). Mit Nettchens Hilfe aber wird die verdrängte Vergangenheit freigelegt und bewältigt.

Bernd Neumann[11] hat 1990 eine Interpretation vorgelegt, in der er eine hilfreiche Übersicht über die Rezeptionslage gibt. Er verweist auf einen Aufsatz von Manfred Misch, *Der Märtyrer seiner Rolle*, der ebenfalls in *Kleider machen Leute* eine »Sozialisierungsgeschichte« (S. 267) sieht, indem der Schneidergeselle Strapinski Schritt für Schritt seine »Grafenrolle« lernt. Sein und Schein fallen auseinander, Strapinski tastet sich vorsichtig in die Grafenrolle hinein. Zunächst mimisch-gestisch (»stets mit einem schwermütigen Lächeln«, 16) später total und kess »auf dem besten Pferde der Stadt an der Spitze einer ganzen Reitergesellschaft« (26). Seine Scheinexistenz steht im krassen **Gegensatz zur Bürgerrolle** der Goldacher, in der Schein und Sein zusammenfallen. Bernd Neumann sieht in *Kleider machen Leute* einen »Bildungsroman in nuce«, der Wendepunkt ist das **Umschlagen der Jugend-Poesie in die Erwachsenen-Prosa** des bürgerlichen Erwerbslebens (S. 275).

Gemeinsam ist allen Interpreten der Nachweis, dass Keller mit Wenzel Strapinski eine Figur geschaffen hat, der er Züge eines romantischen und auch eines trivialen Helden verliehen hat, wie er in ihm bekannten Trivialromanen seiner Zeit erfolgreich vermarktet wurde, und damit auch deutlich machen wollte, dass die gesellschaftlichen Veränderungen, die die Gründerjahre der Industriegesellschaft mit sich brachten, ihren negativen Einfluss in allen Bereichen und eben auch im Bereich der Kunst hinterließen. (Vgl. auch Keller, »Vorrede«, a. a. O., 59 ff.)

Die Rezeption durch Helmut Käutner in seinem Film von 1940 stellt eine interessante Variante dar. *Film* Gedreht wurde »nach Motiven der gleichnamigen Novelle«. Es handelt sich hier jedoch nicht vornehmlich um eine Hochstapler-, sondern um eine Liebesgeschichte. Dafür wird eine zusätzliche Person eingeführt. Das adlige Fräulein von Seraphim, in der Romantik ebenso wie in der Astrologie bewandert, hat eine Brieffreundschaft mit dem russischen Grafen Stroganoff auf Grund astrologischer Seelenverwandtschaft begonnen und sich mit ihm schriftlich im Gasthaus zur Waage in Goldach verabredet.

Wenzel Strapinski, verträumter Schneider in Seldwyla, der anstelle eines Fracks für den Bürgermeister sich selbst einen Frack genäht hat, wird aus der Arbeit gejagt. Mit dem Frack, einem gräflichen Mantel und einer schönen Kopfbedeckung bekleidet, trifft er den alten Puppenspieler Christoph. Dieser besorgt ihm den Platz in der Kutsche, mit der der Kutscher eigentlich den ihm unbekannten Grafen Stroganoff nach Goldach bringen sollte. Der Kutscher glaubt in Strapinski den angekündigten Grafen getroffen zu haben und setzt ihn in dem Städtchen ab, wo er von den Goldachern ebenso wie von Fräulein von Seraphim und Nettchen für den erwarteten Grafen gehalten wird. Obwohl Strapinski sich tapfer gegen diese Verwechslung wehrt, kann er die Goldacher nicht überzeugen. Der inzwischen auch in Goldach eingetroffene echte russische Graf Stroganoff durchschaut und unterstützt mit allen Mitteln das falsche Spiel, weil er herausfinden möchte, wie echte Herzensempfindungen durch die Sterne gesteuert werden. Als Kammerherr des Schneider-Grafen Wenzel fördert er das Zusammentreffen der Seraphim mit dem falschen Grafen, der aber längst sein Herz an die Amtsratstochter Nettchen, die Verlobte des Marchand-Tailleur Böhni aus Goldach, verloren hat. Wenzel schlägt daher die Zuneigung der Seraphim aus, die sich wiederum in Verkennung der wahren Sachverhalte vom echten Grafen Stroganoff, nunmehr Kammerherr des Grafen Wenzel, abwendet.

Auf dem Höhepunkt der Verwicklung gesteht Wenzel der Amtsratstochter seine Liebe. Die Verlobung wird beschlossen. Melcher Böhni beginnt nun sein Entlarvungstreiben, und als Stroganoff erkennt, dass er als »Puppenspieler« die »Herzen echter Menschen verspielt« hat, bietet er nach der Demaskierung durch die Seldwyler an, Wenzel durch

Adoption wirklich in den Grafenstand zu erheben. Dies jedoch wird von Nettchens Vater entschieden zurückgewiesen. Sein Bürgerstolz erklärt Adligkeit für überflüssig und er gibt seine Zustimmung zur Heirat mit dem Schneider. Dieser hatte seine handwerklichen Fähigkeiten im Verlauf der Handlung immer wieder unter Beweis gestellt.

Das Happyend erweist sich daher als Bekenntnis zur Bürgerlichkeit und zur individuellen Tüchtigkeit.

Die verwendeten Motive aus *Kleider machen Leute*, das Verwechslungs- und Rollenspiel, die kreative Gestaltung der Demaskierung im Maskenzug und Maskentanz der Seldwyler machen den Film zu einem liebenswürdigen kleinen Kunstwerk, das die Lektüre bereichern und abzurunden vermag. Durch die Besetzung mit einem zweiten Paar wird der Film zum Liebesfilm, in dem falsche, nur eingebildete Liebe aufgedeckt wird und sich wahre Liebe bewährt.

9. Checkliste

In den **Erstinformationen** wird erläutert, was das Interesse Kellers erregt hat, eine Hochstapler-Geschichte zu schreiben.

1. Stellen Sie diese Informationen knapp zusammen, beachten Sie dabei den Erfahrungshintergrund Kellers im so genannten Polenkomitee.
2. Benennen Sie Autoren und Werke mit der zentralen Figur des Hochstaplers. Versuchen Sie durch Nachschlagen in einem *Motivlexikon* (z. B. Elisabeth Frenzel, *Motive der Weltliteratur,* Stuttgart 1976) weitere Beispiele zu ermitteln.

Die **Inhaltsangabe** gibt kurz gefasst die Handlung wieder.

3. Zeichnen Sie die Stationen der Novellenhandlung nach.
4. Goldach als Ausgang und Ende der Handlung: Diskutieren Sie, ob dies hinreicht, um von einem Rahmenbau zu sprechen.
5. Keller bemüht in seiner Novelle das Schicksal, die Fügung, das Glück. Stellen Sie solche Textstellen zusammen und diskutieren Sie deren Funktion für den Handlungsablauf.
6. Legen Sie die Rolle Melcher Böhnis im Verlauf der Handlung dar. Warum lässt Keller ihn »Buchhalter« sein?

Die **Personen** der Novelle lassen sich nach bestimmten Prinzipien gliedern.

7. Versuchen Sie, Prinzipien zu finden, die ihre Stellung im Novellenganzen kennzeichnen und das Beziehungsgeflecht zwischen den eigentlichen Handlungsträgern deutlich machen.

8. Charakterisieren Sie die Goldacher Gesellschaft im Vergleich zu den Seldwylern. Stellen Sie Unterschiede und Gemeinsamkeiten zusammen. Führen Sie für Ihre Auffassung Belegstellen aus dem Text an.

Im Kapitel **Werkaufbau** wird die Struktur der Novelle nachvollzogen. Die für *Kleider machen Leute* spezifischen Aussageweisen werden untersucht und dargestellt.

9. Betrachten Sie die Strukturskizze und diskutieren Sie den Aufbau unter dem Aspekt der Ausgewogenheit. Überlegen Sie mögliche Schlussfolgerungen für die Werkbeurteilung.

10. Charakterisieren Sie Kellers Erzählweise.

11. Erklären Sie, was man unter dem Begriff »Rückblende« im Erzählprozess versteht.

12. Tragen Sie Merkmale der Kellerschen Sprachgebung zusammen.

13. Bewerten Sie die Sprache unter dem Aspekt der Leserfreundlichkeit. Führen Sie für Ihre Einschätzung mindestens einen Textbeleg an.

14. Machen Sie Aussagen über die Funktion der Personenrede für das Erzählganze.

15. Suchen Sie Stellen im Text, in denen Keller auf ironische Distanz zu seinen Figuren geht.

16. Fahnden Sie nach sprachlichen Fügungen, in denen die Distanz völlig aufgehoben scheint.

17. Stellen Sie durch Überlegungen, die sich besonders auf den Schluss der Novelle richten, fest, inwiefern *Kleider machen Leute* von dem im poetischen Realismus üblichen Erwartungsmuster der Novelle abweicht.

Im Kapitel **Interpretation** werden Lesarten vorgeschlagen, wie sie sich durch die genaue Betrachtung des Textes auf dem zeitlichen Hintergrund seiner Entstehung anbieten. Gleichzeitig aber wird auch versucht, Allgemeingültiges und Aktuelles herauszuarbeiten, um den Wert der Beschäftigung mit einem historischen Text zu belegen.

18. Deuten Sie die von Keller gewählte Namengebung für die Schweizer Städte.

19. Versuchen Sie die Namen der Goldacher Handelsherren selbstständig auszulegen. Welche Erzählabsicht verbirgt sich dahinter?

20. Vergleichen Sie Strapinski mit dem Kutscher unter dem Aspekt eines sich anbahnenden gesellschaftlichen Wandels.

21. Stellen Sie den Verlust des rechten Maßes an den Vorgängen im Gasthaus zur Waage dar.

22. Betrachten Sie unter dem Aspekt des rechten Maßes, welches Speisen- und Warenangebot dem vermeintlichen Grafen am Morgen nach der Ankunft gemacht wird.

23. Sprechen Sie darüber, was das Warenangebot über die Goldacher Gesellschaft verrät.

24. Versuchen Sie auf Grund des gegebenen Beispiels (Strapinskis Mantel) eine Definition von *Dingsymbol*. Untersuchen Sie den Text auf weitere Dingsymbole und benennen Sie diese. Textstellen, die Fluchtpläne Strapinskis und deren Vereitelung enthalten, können bei dieser Aufgabe besonders hilfreich sein.

25. Tragen Sie Textaussagen zusammmen, die die bewusste Annahme der Grafenrolle durch Strapinski nahe legen.

26. Stellen Sie den Zusammenhang zwischen dem Stadtrundgang und der Schicksalsgläubigkeit Strapinskis her.
27. Deuten Sie beispielhaft einige Hausembleme im vorgestellten und im wirklichen Sinn aus.
28. Vergleichen Sie die Schlittenzüge der Goldacher und Seldwyler und stellen Sie ihre Funktion für die Erzählhandlung heraus.
29. Begründen Sie Ihre persönliche Interpretation des Novellenschlusses.
30. Unterziehen Sie die in Kapitel 8 vorgetragenen, beispielhaften Rezeptionsweisen einer kritischen Prüfung auf dem Hintergrund Ihrer eigenen Leseerfahrungen.
31. Stellen Sie Veränderungen der Filmhandlung heraus und fragen Sie nach deren Sinn bei der Visualisierung der Novelle.

Im Kapitel **Autor und Zeit** wird über das **Leben Gottfried Kellers auf dem Hintergrund seiner Zeit** berichtet.

32. Nennen Sie wichtige Stationen in Kellers Leben. Beachten Sie besonders diejenigen, die für sein poetisches Schaffen Bedeutung gehabt haben.
33. Keller erlebt den in Deutschland und in der Schweiz auflebenden Liberalismus und seine Auswirkungen in revolutionären Unruhen. Welche Ideen bestimmen den Liberalismus?
34. Diskutieren Sie, ob auch in *Kleider machen Leute* zeittypische Tendenzen und Erfahrungen eingegangen sind.
35. Ordnen Sie den poetischen Realismus historisch ein und nennen Sie wichtige Autoren dieser Epoche.
36. Begründen Sie anhand Ihrer Kenntnisse über den poetischen Realismus die Zugehörigkeit Kellers zu dieser literarhistorischen Epoche.

10. Lektüretipps / Filmempfehlungen

Textausgaben

Gottfried Keller: Kleider machen Leute. In: G. K.: Sämtliche Werke. Hrsg. von Jonas Fränkel. Bd. 8: Die Leute von Seldwyla. Erlenbach bei Zürich: Rentsch/Benteli 1927.

Die Textstellen beziehen sich auf *Kleider machen Leute* in Reclams Universal-Bibliothek 7470. Stuttgart 2000. – *Reformierte Rechtschreibung.*

Zum Nachschlagen von Sachbegriffen

Reallexikon der deutschen Literaturgeschichte. Begr. von Paul Merker und Wolfgang Stammler. Berlin [u. a.] [2]1958–88.

Sachwörterbuch zur deutschen Literatur. Hrsg. von Volker Meid. Stuttgart 1999.

Wilpert, Gero von: Sachwörterbuch der Literatur. Stuttgart [7]1989.

Zur Einführung in die Novelle

Freund, Winfried: Einleitung – »… und ob es eine Tat war oder nur ein Ereignis …« Ein Versuch über die Novelle. In: W. F. (Hrsg.): Deutsche Novellen. München 1993. S. 7–13.

– Theorie der Novelle. In: Novelle. Stuttgart 1998. S. 9–62.

Krämer, Herbert (Hrsg.): Theorie der Novelle. Stuttgart 1976. (Arbeitstexte für den Unterricht.)

Schunicht, Manfred: Die deutsche Novelle im Überblick. In: Winfried Freund (Hrsg.): Deutsche Novellen, S. 323–335.

Zu Gottfried Keller

Boeschenstein, Hermann: Gottfried Keller. Stuttgart 1977.

Heselhaus, Clemens: Nachwort zu Gottfried Keller. In: G. K.: Sämtliche Werke in drei Bänden. Bd. 3. München 1958. S. 1315–37.

Sautermeister, Gert: Gottfried Keller. In: Deutsche Dichter. Leben und Werk deutschsprachiger Autoren vom Mittelalter bis zur Gegenwart. Hrsg. von Gunter Grimm und Frank Rainer Max. Bd. 6. Stuttgart 1993. S. 87–125.

Swales, Erika: Gottfried Keller. In: Walther Killy (Hrsg.): Literaturlexikon. Autoren und Werke deutscher Sprache. Bd. 6. Gütersloh/München 1990. S. 270–274.

Zur literaturwissenschaftlichen Interpretation

Bänziger, Hans: Ambivalenz der Eitelkeit. Gottfried Keller: *Kleider machen Leute.* In: Winfried Freund (Hrsg): Deutsche Novellen. München 1993. S. 165–174.

Kaiser, Gerhard: Gottfried Keller: Das gedichtete Leben. Frankfurt a. M. 1981.

Neumann, Bernd: Gottfried Keller: *Kleider machen Leute.* In: Erzählungen und Novellen des 19. Jahrhunderts. Bd. 2. Stuttgart 1990. S. 235–278.

Sautermeister, Gert: Erziehung und Gesellschaft in Gottfried Kellers *Kleider machen Leute.* In: Lesen. Der alte

Kanon neu. Hrsg. von W. Raitz und E. Schütz. Opladen 1976. S. 176–204.

Wiese, Benno von: Gottfried Keller: *Kleider machen Leute.* In: B. v. W.: Die deutsche Novelle von Goethe bis Kafka. Interpretationen I. Düsseldorf 1964. S. 238–249.

Filmempfehlung

Kleider machen Leute, Deutschland 1940. Regie: Helmut Käutner. Nach der gleichnamigen Novelle von Gottfried Keller. Heinz Rühmann als Wenzel Strapinski. Hertha Feiler als Nettchen. – *Der Schwarz-Weiß-Film eignet sich hervorragend für den Einsatz im Unterricht. Die Motivation Käutners für die Einführung neuer Personen ist interessant, wird doch das Schwergewicht verlagert auf die Darstellung von wahrer und falscher Liebe.*

Anmerkungen

1 Gottfried Keller, *Sämtliche Werke in drei Bänden,* hrsg. von Clemens Heselhaus, Bd. 3: *Briefe,* München 1958, S. 153.

2 Zitiert nach: Margarethe Rothbarth, »Das Urbild Strapinskis in *Kleider machen Leute*«, in: Rolf Selbmann, *Erläuterungen und Dokumente, Gottfried Keller, »Kleider machen Leute«,* Stuttgart 1984 [u. ö.], S. 49.

3 Gottfried Keller, *Vorrede zum zweiten Teil der »Leute von Seldwyla«,* in: G. K., *Kleider machen Leute,* Stuttgart 2000 [u. ö.], S. 59.

4 Johannes Klein, *Geschichte der deutschen Novelle,* Wiesbaden ²1954, S. 8. In der Abgrenzung zwischen Novelle und Roman formuliert er: »Der Roman geht aus von dem, was der Mensch *ist,* die Novelle von dem, was am Menschen geschieht.«

5 Hans Bänziger, »Ambivalenz der Eitelkeit. Gottfried Keller, *Kleider machen Leute«,* in: *Deutsche Novellen,* hrsg. von Winfried Freund, München 1993, S. 174.

6 Hermann Boeschenstein, *Gottfried Keller, Realien zur Literatur,* Stuttgart ²1977 (Sammlung Metzler, 84), S. 130–133.

7 Otto Ludwig, *Dramatische Betrachtungen,* in: *Ludwigs Werke in vier Teilen,* hrsg. von Arthur Eloesser, Teil 3–4, Berlin [u. a.] 1908, S. 319 ff.

8 Gottfried Keller, Brief vom 27. Juli 1881 an Paul Heyse, in: Gottfried Keller, *Sämtliche Werke in drei Bänden* (Anm. 1), S. 1251.

9 Benno von Wiese, *Die deutsche Novelle von Goethe bis Kafka, Interpretationen I,* Düsseldorf 1956, S. 238–249.

10 Gert Sautermeister, »Erziehung und Gesellschaft in Gottfried Kellers Novelle *Kleider machen Leute«,* in: *Der alte Kanon neu. Lesen 2,* hrsg. von Walter Raitz und Erhard Schütz, Opladen 1976, S. 176–204.

11 Bernd Neumann, »Gottfried Keller, *Kleider machen Leute«,* in: *Interpretationen, Erzählungen und Novellen des 19. Jahrhunderts,* Bd. 2, Stuttgart 1990 [u. ö.] S. 235–278.

Raum für Notizen